César Souza

cartas a um jovem

líder

Descubra o líder que existe em você

César Souza

cartas a um jovem
líder
Descubra o líder que existe em você

ALTA BOOKS
EDITORA
Rio de Janeiro, 2018

Cartas a um jovem líder - Descubra o líder que existe em você
Copyright © 2018 da Starlin Alta Editora e Consultoria Eireli. ISBN: 978-85-508-0261-9

Todos os direitos estão reservados e protegidos por Lei. Nenhuma parte deste livro, sem autorização prévia por escrito da editora, poderá ser reproduzida ou transmitida. A violação dos Direitos Autorais é crime estabelecido na Lei nº 9.610/98 e com punição de acordo com o artigo 184 do Código Penal.

A editora não se responsabiliza pelo conteúdo da obra, formulada exclusivamente pelo(s) autor(es).

Marcas Registradas: Todos os termos mencionados e reconhecidos como Marca Registrada e/ou Comercial são de responsabilidade de seus proprietários. A editora informa não estar associada a nenhum produto e/ou fornecedor apresentado no livro.

Impresso no Brasil — 2018 - Edição revisada conforme o Acordo Ortográfico da Língua Portuguesa de 2009.

Publique seu livro com a Alta Books. Para mais informações envie um e-mail para autoria@altabooks.com.br

Obra disponível para venda corporativa e/ou personalizada. Para mais informações, fale com projetos@altabooks.com.br

Produção Editorial (1ª Edição) Elsevier Editora - CNPJ 42.546.531/0001-24	**Editoração Eletrônica (1ª Edição)** Estúdio Castellani
Copidesque (1ª Edição) Carolina Menegassi Leocadio	**Diagramação (2ª Edição)** Lucia Quaresma
Revisão (1ª Edição) Wilton F. Palha Neto	**Revisão Gramatical (2ª Edição)** Vivian Sbravatti

Erratas e arquivos de apoio: No site da editora relatamos, com a devida correção, qualquer erro encontrado em nossos livros, bem como disponibilizamos arquivos de apoio se aplicáveis à obra em questão.

Acesse o site www.altabooks.com.br e procure pelo título do livro desejado para ter acesso às erratas, aos arquivos de apoio e/ou a outros conteúdos aplicáveis à obra.

Suporte Técnico: A obra é comercializada na forma em que está, sem direito a suporte técnico ou orientação pessoal/exclusiva ao leitor.

A editora não se responsabiliza pela manutenção, atualização e idioma dos sites referidos pelos autores nesta obra.

CIP-BRASIL. CATALOGAÇÃO-NA-FONTE
SINDICATO NACIONAL DOS EDITORES DE LIVROS, RJ

S714c

Souza, César
Cartas a um jovem líder : descubra o líder que existe em você /
César Souza. – Rio de Janeiro: Alta Books, 2018.

ISBN: 978-85-508-0261-9

1. Souza, César. 2. Liderança. 3. Administradores de empresas –
Brasil. I. Título. II. Série.

10-1844.
CDD: 658.4092
CDU: 658:316.46

Rua Viúva Cláudio, 291 — Bairro Industrial do Jacaré
CEP: 20.970-031 — Rio de Janeiro (RJ)
Tels.: (21) 3278-8069 / 3278-8419
www.altabooks.com.br — altabooks@altabooks.com.br
www.facebook.com/altabooks — www.instagram.com/altabooks

Aos jovens que
precisam estar
preparados com uma
nova forma de pensar
sobre o exercício de uma
Liderança mais
inspiradora nas
empresas, famílias e
comunidades.

Aos meus filhos
Thomas, Julia e
Yasmim, fontes de
inspiração quando
penso no futuro.

Ao meu querido amigo
Renato Baiardi,
inspirador de jovens
líderes.

AGRADECIMENTOS

Aos diversos clientes do Programa "Líderes em Ação" que conduzo, pela confiança e transparência com que me revelam seus desafios, angústias e realizações.

À turma da Empreenda, parceiros na causa de reinventar os conceitos e a prática da Liderança.

À minha mulher, Cristinna Patsch, cujo amor me inspira e me torna incansável na construção das causas em que acredito e que sempre compartilhamos.

A Luciana Villas Boas, que sempre me encoraja a abrir novos caminhos no mundo literário.

A Cristina Nabuco, fiel escudeira dos meus textos, sempre pronta para tornar mais acuradas as palavras e expressões que nem sempre consigo exprimir.

O AUTOR

César Souza é um dos maiores experts e referência no tema Liderança. Fundou e preside a Empreenda, empresa de consultoria que desenvolve, de forma bastante customizada e atrelada à Estratégia e aos Resultados, inúmeros Programas de Desenvolvimento de Líderes para várias empresas da lista das melhores e maiores do Brasil. César também é conselheiro pessoal e mentor de vários empresários e executivos de renome. Palestrante bastante requisitado, tem realizado workshops e palestras em diversos países, inclusive Estados Unidos, Japão, Portugal, Espanha, México e Peru.

Considerado pelo Fórum Econômico Mundial de Davos, na Suíça, um dos "200 Líderes Globais do Futuro", a Revista Você RH o apontou como um dos 8 gurus mundiais em Gestão de Pessoas.

O autor já vendeu cerca de 400 mil exemplares de seus livros — dentre os quais se destacam *Você é do tamanho dos seus sonhos* (2003-2016), *Você é o líder da sua vida* (2009), *Você Merece uma Segunda Chance* (2017), o provocativo *Clientividade®: Como Oferecer o que o seu Cliente Valoriza* (2016), e o *Jogue a seu Favor* (2017). Visite o Blog.CesarSouza.net para acessar gratuitamente o workbook "Descubra o líder que existe em você" e para obter mais informações sobre as atividades do autor.

BILHETE DE APRESENTAÇÃO

Quem poderia imaginar que o filho de um pescador e de uma balconista de farmácia um dia se tornaria consultor de várias das maiores empresas do país e conselheiro pessoal de diversos líderes? E que ainda seria apontado pelo World Economic Forum como um dos "200 líderes globais do futuro"?

Nasci em uma casa na Ladeira do Ipiranga, um bairro pobre da capital baiana, pelas mãos de dona Ivone, uma parteira muito amiga da família. Adorava brincar em carrinhos de rolimã e jogar futebol – tinha uma bola de meia que sempre me assegurava um lugar na ponta direita de um dos times. Gostava também de empinar pipa, ou melhor, "arraia", como se dizia na Bahia. Um dia, corri tanto ladeira abaixo para não cortarem minha linha que dei de cara com um poste e quebrei um dente. Carrego a marca até hoje. Era um garoto normal!

Perdi a inocência aos 9 anos. Deixei de ser empinador de pipas e me transformei em fabricante e vendedor delas. Foi meu primeiro "negócio": comprei folhas de papel-celofane e varetas de bambu e comecei a fabricar pipas coloridas. As dos meus amigos da rua eram de uma cor só. Para diferenciar meu produto, comecei a produzi-las em quatro cores. O primeiro dinheiro que ganhei na vida foi vendendo essas pipas.

Desde cedo aprendi que empreender é seguir uma estrada desconhecida. É construir a própria estrada. Além de ter ficado claro como a força da inovação e a atitude de ousar fazer as coisas diferentes são determinantes para o sucesso, logo tive duas outras importantes lições sobre liderança. A primeira, que o ato de liderar não tem como prerrequisito idade, posição social ou posição formal. A segunda que, antes de pretender liderar os outros, cada um deve aprender a liderar a si mesmo.

Dois anos depois, minha mãe me inscreveu para fazer o exame de admissão no Colégio de Aplicação. Ela insistia que só seria possível crescer na vida se estudasse bastante e frequentasse o melhor curso ginasial da cidade, como era chamada na época a segunda etapa do ensino fundamental. O colégio ficava em um bairro de classe média a mais ou menos dez quilômetros de onde eu morava. A distância física não era nada perto da distância social, mas tanto ela quanto meu pai – que a essa altura já tinham construído, no terreno no fundo da casa onde morávamos, um pequeno empreendimento de fabricação artesanal de ração para animais – não mediram sacrifícios e me encorajaram a fazer o teste. Parecia algo impossível, mas decidi lutar com unhas e dentes para não os decepcionar. Foi outra importante lição sobre liderança: a força da confiança depositada por pessoas que nos são significativas.

Fui aprovado, mas em dezembro, quando os resultados foram divulgados, eu ainda não tinha a idade mínima para frequentar o colégio. Só faria 11 anos em fevereiro. Até que alguém argumentou que as aulas só começavam em março... O problema podia ser resolvido!

O Colégio de Aplicação me deu régua e compasso para me posicionar frente ao mundo. Estudei lá dos 11 aos 17 anos. Foi uma grande evolução: meus pais conseguiram mudar a família da casa humilde localizada na Baixa de Quintas para um apartamento no bairro de Nazaré, bem próximo ao colégio. E o melhor: vizinho à fonte do saber, a Faculdade de Filosofia e Ciências Humanas da UFBA, um dos principais lugares em que as coisas aconteciam na Bahia. O antigo Colégio de Aplicação era um anexo da faculdade. E tudo se passou em uma época de grande efervescência cultural, um florescer do conhecimento em Salvador, que desembocou no Movimento Tropicalista e no Cinema Novo.

Vivi bem no epicentro dessa verdadeira explosão cultural, convivendo com pessoas diferentes e interessantes, artistas, cineastas, intelectuais. Entrei em 1963, um ano antes do golpe que derrubou o presidente João Goulart. O Colégio de Aplicação virou um centro de resistência ao regime militar. E sofreu com o braço forte da repressão.

Aos 17 anos, comecei a dar aulas de matemática em um curso pré-vestibular. Minha mãe se recorda de minha primeira remuneração como professor: vinte "dinheiros" da época. "Pode usar nas despesas da casa. Se sobrar alguma coisa, me dê para ir ao cinema no sábado", eu teria dito segundo ela. Tempos bicudos, mas felizes!

Minha família pensava que eu seria um bom advogado. Eu não sabia qual profissão abraçar. Fiz um teste vocacional e o resultado foi Administração de Empresas. Não conhecia aquela profissão nova e ainda não regulamentada.

Resolvi fazer o vestibular, pois acreditava que, conhecendo algo sobre Administração, poderia ajudar meus pais a superar as dificuldades enfrentadas pelo pequeno empreendimento da família.

O mundo profissional começou a se abrir à medida que fui tendo contato com as trajetórias de profissionais bem-sucedidos. Conheci professores que muito me inspiraram. José Osório Reis e o casal Fabrício e Kenneth-Claire Soares foram meus primeiros mentores. Eles poderiam ter sido os autores, na época, de *Cartas a um jovem líder.*

Em 1971, consegui meu primeiro estágio remunerado em uma pequena empresa de consultoria chamada Incrementa. Decidi, em 1974, fazer o mestrado no exterior. Fui para a Vanderbilt University, em Nashville, berço da *country music*, nos Estados Unidos. Ali conheci várias estrelas do mundo da Administração, dentre elas o saudoso professor Igor Ansoff, mundialmente reconhecido como o criador do conceito de Estratégia Empresarial.

Ao regressar ao Brasil, passei a olhar para a dinâmica organizacional de outra forma. Foi um período de rico aprendizado sobre a arte da liderança. Aprendia no dia a dia. Ao longo da minha carreira de executivo e como consultor empresarial, tive a oportunidade de conviver com vários líderes inspiradores em diversas partes do mundo. Muitos são empresários, executivos famosos, políticos, dirigentes comunitários, esportistas e celebridades. São líderes de carne e osso – homens e mulheres, alguns ainda jovens –, diferenciados, notáveis, mesmo aqueles que são anônimos por não ocuparem cargos nem posição social de destaque, mas que exercem a liderança de forma muito competente.

Desde julho de 1996, quando nasceram meus queridos filhos Thomas e Julia, passei a ver o mundo de outra perspectiva, como pai, e não mais como filho. Foi a realização de um sonho acalentado intimamente ao longo de anos. A paternidade é um belo momento e representa uma guinada irreversível na vida! Considero educar filhos o maior desafio no exercício da liderança.

Começava a ficar claro para mim que os conceitos de liderança, tal qual os conhecemos, estavam com os dias contados. Os velhos e surrados atributos do que era considerado um líder eficaz foram concebidos para uma realidade que já não existia mais.

Comecei a acalentar o sonho de uma nova causa: contribuir para o "repensar da liderança". Minha experiência pessoal e a convivência com vários tipos de líderes deixavam claro que os conceitos de liderança estavam ultrapassados. Foram úteis a uma realidade passada. Mas o mundo estava mudando de uma forma e em uma velocidade inacreditáveis, sem que o modo de pensar sobre a liderança evoluísse no mesmo ritmo.

Comecei a perceber que seria impossível tentar abrir as portas do futuro com as chaves do passado.

Paulatinamente, comecei a esboçar uma nova etapa profissional. Voltei a realizar palestras e publicar artigos na mídia até me restabelecer no Brasil, definitivamente, no final de 2001. Não mais como um executivo internacional, mas como um consultor de empresas, palestrante e autor.

Passado mais algum tempo, estava claro que tinha chegado a hora de começar um novo ato na minha vida. Inspirado no grande dramaturgo inglês William Shakespeare, sempre acreditei que podemos ter tantos *scripts* na vida quantos estivermos dispostos a viver. E recomecei de forma auspiciosa. Apaixonei-me duplamente. Por uma mulher, Cris, que recentemente me deu uma nova filha, a Yasmim, e por uma causa: a formação de líderes empreendedores.

Foi uma ruptura e tanto. Porém, me tornei uma pessoa mais feliz. Essa mudança produziu resultados incríveis, inclusive transformações físicas. Rejuvenesci. Ou melhor, renasci. Aprendi a valorizar mais o equilíbrio entre a vida profissional e a pessoal, comunitária, afetiva, espiritual.

Atualmente, presido a Empreenda, uma empresa de consultoria que gostamos de posicionar como "um *atelier* de soluções integradas e customizadas para nossos clientes empresariais". Temos coordenado vários Programas de Desenvolvimento de Líderes bastante diferenciados dos tradicionais cursos e seminários sobre o tema. Buscamos desenvolver um tipo de líder inspirador, muito diferente daquele que encontramos com frequência.

Escolhi como símbolo da minha trajetória a pipa, que, além de produzir uma bela metáfora – a importância de saber aproveitar a força das circunstâncias, representada pelo vento, e de competir para não ter sua linha cortada –, possibilita voltar às minhas origens e à lembrança do meu primeiro empreendimento.

Aceitei o convite para escrever este livro como uma oportunidade de fortalecer minha cruzada para mudar a forma de pensar a liderança. Ouso propor que, se desejamos construir empresas mais saudáveis, famílias mais felizes, relacionamentos mais duradouros e comunidades mais solidárias, precisamos mudar nossa forma de agir como líderes.

No momento em que o sistema dá sinais de doença – que se traduzem nessa preocupante escassez de líderes, tamanha crise de valores e infelicidade generalizada no trabalho, nas escolas, em casa e nas comunidades –, pouco adianta ficar tentando melhorar as bases sobre as quais ele foi concebido. Só reinventando – e com inovações corajosas – poderemos enfrentar as disfunções e encontrar soluções para o que nos aflige.

Escrevi estas dez cartas, na forma de e-mail, para você como um passo nessa direção. Espero que elas o incomodem um pouco e o levem à reflexão, visando a: (1) descobrir o(a) líder que existe em você; (2) libertar-se de pelo menos cinco mitos sobre liderança; (3) desenvolver as "Cinco Competências do Líder"; e (4) praticar as atitudes que fazem a diferença no exercício da liderança eficaz, sendo sempre uma fonte de exemplo e inspiração.

Julgo ser desnecessário enfatizar que o "jovem" a que se refere o título do livro não significa um determinante de idade. Liderança não tem idade. Eu mesmo, que já estou na faixa dos 60, permaneço com um coração jovem cheio de sonhos a realizar e muito ainda por fazer para me aperfeiçoar como líder!

Torço para que a leitura dessas cartas seja útil – qualquer que seja sua ocupação, idade, sexo ou momento na vida. Se você está no início de sua trajetória profissional, que o ajude a se preparar melhor para o futuro; se está no meio do caminho, a descobrir percursos diferentes e a redefinir seus sonhos e sua capacidade de realizá-los. E, se achar que está mais perto do fim da sua atual carreira, que você encontre aqui estímulo para inventar uma nova vida, pois ainda há muito para ser feito.

Espero que o livro também seja útil para líderes já estabelecidos, executivos, gerentes, chefes, educadores – professores, terapeutas, mentores, coaches etc. – e para os pais que devem assumir suas responsabilidades em vez de terceirizar a mais nobre das suas tarefas: a educação dos filhos.

Após a leitura de cada carta, será a sua vez de agir. Você encontrará Pontos para Reflexão que podem facilitar algumas decisões pessoais visando ao seu autodesenvolvimento contínuo.

No final do conjunto de cartas, escrevi um P.S., salientando que você será cobrado pela coerência entre o que diz e o que faz e pelo grau de equilíbrio com o qual conduzirá os diversos aspectos da sua vida.

Agora que me apresentei a você e deixei claras as minhas intenções, espero que estas cartas possam de fato contribuir para sua trajetória. Mas, antes de virar a página e ler a primeira delas, gostaria de fixar um lembrete sobre a essência da liderança: a importância de inspirar pelo exemplo. O líder deve falar também aos olhos com suas ações, e não apenas aos ouvidos.

César Souza

Blog cesarsouza.net

cesarsouza@empreenda.net

São Paulo, primavera de 2018.

SUMÁRIO

	BILHETE DE APRESENTAÇÃO	XI
1.	FAÇA A DIFERENÇA!	1
2.	DESCUBRA O LÍDER QUE EXISTE EM VOCÊ	13
3.	LIBERTE-SE DE CINCO MITOS	25
4.	DEFINA O PROPÓSITO, LEVANTE UMA BANDEIRA	43
5.	INTEGRE PESSOAS, EQUIPES, IDEIAS	57
6.	REVELE O BRILHO DOS TALENTOS COM OS QUAIS CONVIVE	73
7.	CONSTRUA PONTES EM VEZ DE PAREDES	87
8.	FAÇA ACONTECER: A ARTE DO "FAZEJAMENTO"	97
9.	SEJA O EXEMPLO	107
10.	DESENHE O SEU "MAPA DE ATITUDES"	115
	P.S.: COERÊNCIA E EQUILÍBRIO EDIFICAM O VERDADEIRO LÍDER	131

1. FAÇA A DIFERENÇA!

De: cesarsouza@empreenda.net
Para: você@jovemlider.com.br
Assunto: FAÇA A DIFERENÇA!

Tirei o dia de hoje, sábado, para retomar minha caminhada matinal de 5 km, colocar a leitura em dia e assistir ao filme *Invictus*, que narra uma passagem bem marcante da vida do grande líder sul-africano Nelson Mandela, Prêmio Nobel da Paz em 1996.

Mas, logo após o café da manhã, antes de me debruçar sobre o livro *O Barão de Mauá*, sobre a saga de um dos mais importantes empreendedores do Brasil, decidi passar os olhos em dois jornais, um do Rio de Janeiro, de onde lhe escrevo este e-mail, e o outro de São Paulo, onde resido há quinze anos. Também folheei matérias publicadas em uma das principais revistas semanais do país.

A sequência das manchetes e notícias que li me deixou preocupado.

Em todos os cadernos que compõem um jornal ou periódico — Política, Notícias Internacionais, Economia, Social, Esportes, Cotidiano —, a história se repete, com um denominador comum que parece estar na origem da maioria de vários fatos chocantes: o *apagão da liderança*!

Você também já deve ter percebido como essa escassez de líderes corrói o mundo político, nossas empresas, escolas, famílias, comunidades. Esbarramos na proliferação de indivíduos em posição de liderança cujos valores são, no mínimo, questionáveis. As crises que o mundo tem atravessado não são apenas de natureza financeira, social ou climática. O deficit maior tem sido o de liderança.

Decidi, então, antes de pegar aquele livro que pretendia ler, escrever esta mensagem para você, a fim de encorajá-lo a olhar para essa situação como uma oportunidade de tentar fazer a diferença, em vez de se deixar abater pela evidente escassez de líderes em quase todos os setores e em quase todos os níveis.

Ou seja, seguindo a lógica da eterna lei da oferta e da procura, se existe tal carência, ela deve ter como contrapartida uma alta demanda por líderes competentes, íntegros, bastante diferentes dos disponíveis. Essa pode ser uma grande oportunidade à sua frente.

Vou tentar aprofundar um pouco esses sintomas da falta de líderes inspiradores que se manifestam em várias frentes e circunstâncias, o que, embora não seja muito agradável de ler, é mais desagradável ainda de escrever. Nas escolas, professores raramente conseguem despertar o interesse de alunos pelo aprendizado. Alguns são intimidados por crianças que sequer chegaram à adolescência — o uso crescente da violência verbal e até mesmo física para resolver desavenças, e os adultos sem saber como reagir, criando um jogo de empurra entre pais, gestores e professores. Nossos educadores não estão conseguindo orientar os estudantes para enfrentar os desafios do futuro e, em geral, estão formando profissionais para uma realidade já ultrapassada. Preconceitos e vários tipos de discriminação passaram a fazer parte do cotidiano de estudantes, pais, professores, diretores e funcionários das escolas brasileiras. Um estudo realizado com mais de cinco mil alunos de escolas em todas as regiões brasileiras indicou que 70% dos alunos afirmam que viram, pelo menos uma vez, um colega sofrer algum tipo de agressão dentro da escola. Também um dado impressionante revela que 43% dos alunos se sentem angustiados no ambiente escolar.

No entanto, o que ocorre nas salas de aula é também um reflexo do que acontece em casa: pais que não sabem mais negociar limites e reagem com incrível submissão a hábitos e desejos absurdos dos filhos. Infelizmente, deixaram de ser exceção e passaram a ser comuns as histórias de filhos agredindo os próprios pais. Também aumenta o número de divórcios, muitas vezes causados pela falta de compartilhamento da liderança, que tem levado um dos membros do casal a buscar alternativas de vida à tirania do outro.

Nas ruas e em eventos públicos e esportivos, assistimos estarrecidos aos atos de vandalismo e violência que assustam quem sai de casa em busca de diversão e lazer. Torcidas organizadas se mobilizam não apenas para vibrar pelos seus clubes, mas também para provocar, agredir e travar verdadeiras batalhas campais, como se estivessem em uma guerra não declarada.

Nas empresas, ainda predominam chefes em vez de líderes. Faltam sucessores preparados em todos os níveis, e não apenas no topo. Além disso, a maioria dos profissionais queixa-se de que não consegue o tão sonhado equilíbrio entre as diferentes facetas da vida — profissional, familiar, pessoal, espiritual, financeira, além de saúde e cidadania. O grau de infelicidade e frustração é muito maior do que imaginamos, não apenas entre executivos, mas também entre médicos, advogados, engenheiros, arquitetos, comerciantes, empreendedores de modo geral. As causas são recorrentes: dificuldades para liderar equipes, falta de comprometimento das pessoas, desavenças entre sócios, ausência de reconhecimento, problemas de comunicação, sentimento de injustiça, resultados insatisfatórios, conflito de valores, sobrecarga e mau gerenciamento das prioridades e do tempo.

O nível de angústia crescente e o grau de despreparo dos líderes ficam ainda mais evidentes quando levamos em consideração um conjunto de novas circunstâncias que impactam nosso cotidiano: estamos em plena transição de um mundo industrial para a era dos serviços; do foco no produto para o foco no cliente; da padronização para a customização; do fixo para o móvel; do previsível para o volátil; do analógico para o digital; da indiferença, quando empresas andavam de costas para a comunidade, para a exigência da responsabilidade social e ambiental; de um mundo de potências ocidentais para uma globalização multipolar.

As dificuldades que surgem em momentos como este devem ser enfrentadas com soluções inovadoras, corajosas, com uma nova forma de olhar e perceber a realidade. Não se trata apenas de melhorar o que existe, aperfeiçoar incrementalmente o pensar e ajustar o agir a uma nova realidade. Trata-se de reinventar o pensamento e a ação. Essa é a grande oportunidade de reinventar-se como líder!

Apesar de sabermos que esse modelo ultrapassado e arcaico já não funciona mais, uma nova forma de pensar e exercer a liderança ainda não se faz presente com a intensidade necessária. Muitos se queixam, mas nada fazem para mudar. Outros se deixam deprimir com a escassez de líderes. Poucos conseguem perceber que não deveriam desperdiçar a oportunidade de fazer a diferença. A hora é esta.

A maioria, no entanto, ainda não tem essa percepção, como revelou uma pesquisa que a Empreenda, empresa que dirijo, realizou em parceria com a HSM para um Fórum Mundial de Liderança realizado em São Paulo. Apesar dos discursos modernizantes de alguns, 520 executivos do primeiro escalão de empresas representativas de todas as regiões do país indicaram como os líderes mais admirados no Brasil dois políticos, ambos ex-presidentes do país, um deles já falecido, e dois tradicionais empresários, típicos representantes da Era Industrial. Nenhum jovem, pensador, artista ou celebridade viva. Nenhum cidadão apaixonado por livros. Nenhum representante do mundo dos serviços ou da alta tecnologia. Dentre os 20 líderes mais admirados, nenhuma mulher foi indicada.

Essa pesquisa evidencia o real modelo de liderança que está na cabeça de uma amostra significativa dos líderes empresariais brasileiros. Um modelo baseado no passado, como se a história determinasse, forçosamente, um destino.

Temos de evitar atuar no novo jogo da liderança usando a velha forma de pensar que nos prende ao passado.

Você também já deve ter ouvido falar do "Tripé da Sustentabilidade", com três pilares, o Econômico-Financeiro, o Social e o Ambiental. No meu modo de ver, falta o quarto e principal componente: a capacidade de **desenvolver líderes em todos os níveis**, e não apenas no topo. Estou convencido de que as empresas vencedoras nesta nova época serão aquelas que souberem montar verdadeiras **"fábricas de líderes"**. A sobrevivência − ou, se preferir, a longevidade, a perpetuidade, a sustentabilidade a longo prazo − das empresas será diretamente proporcional à sua capacidade de desenvolver líderes de qualidade. Não basta ser capaz de oferecer produtos ou serviços de qualidade. É necessário oferecer líderes eficazes, repito, não apenas gerentes eficientes.

Enfim, encare essa angustiante escassez de líderes como uma grande oportunidade. Encontre o líder que existe dentro de você. Liberte-se dos vários mitos que conduzem a um pensamento obsoleto e equivocado sobre a liderança. Desenvolva as "Competências do Líder Inspirador". Identifique e pratique as atitudes dos líderes de sucesso. Faça a diferença!

Nas próximas cartas, prometo que serei mais objetivo ao tratar de cada uma dessas recomendações. Vou parar por aqui para não chegar atrasado ao cinema.

Em tempo: reli esta carta ao regressar à noite e fiz uns pequenos ajustes no texto. Não deixe de assistir ao filme *Invictus*. Imperdível!

PONTOS PARA REFLEXÃO

1. Quem são os três líderes que mais inspiram você?

2. Quais são os maiores representantes do "apagão da liderança" na sua opinião? Cite três exemplos, sendo um do seu círculo de relacionamento, outro de alguém conhecido no país e o terceiro de alguma personalidade internacional.

3. Qual é o primeiro passo que você precisa dar para fazer a diferença e tentar aproveitar as oportunidades causadas pela escassez de líderes?

2. DESCUBRA O LÍDER QUE EXISTE EM VOCÊ

De: cesarsouza@empreenda.net
Para: você@jovemlider.com.br
Assunto: DESCUBRA O LÍDER QUE EXISTE
EM VOCÊ

Escrevo da cidade de São Paulo, onde, pela manhã, após acordar bastante cedo e enfrentar um baita engarrafamento, conduzi um seminário para mais de mil executivos de diversas empresas que operam no Brasil.

Lembrei-me de você no intervalo que se seguiu à minha palestra. O presidente de uma das empresas participantes do evento me convidou, gentilmente, para tomarmos um cafezinho. "Prefiro um Nespresso, forte, sem açúcar e sem adoçante", frisei, aceitando o convite. Ele me pediu para autografar meu último livro sobre liderança para seu filho, Miguel, um jovem de pouco mais de vinte anos que se formará no próximo ano e, em breve, concluirá seu estágio em uma grande multinacional. Atendi à solicitação com prazer. Escrevi: "Miguel, descubra o líder que existe em você!". Adicionei o tradicional abraço e votos de felicidade e assinei.

"Como você adivinhou?", perguntou-me, surpreso e visivelmente agitado, o executivo que mal acabara de conhecer.

Então ele desatou a contar que estava preocupado com seu filho, muito estudioso, competente, íntegro, boa pessoa, bom filho, amigo dos amigos, mas que não levava jeito para ser líder e, por isso, enfrentava dificuldades. Temia que ele não fosse convidado para o programa de trainees na empresa em que fazia estágio.

"Preciso que alguém me ajude a turbinar a carreira do meu filho", revelou sem esconder a ansiedade estampada em seu rosto. E fulminou: "Ele precisa ocupar logo um cargo de responsabilidade, como eu fiz quando tinha a idade dele, para depois começar a exercer seu potencial de liderança".

Adiantei a ele que não sou psicólogo, nem terapeuta, mas que minha prática como consultor de empresas, que me fez conviver com vários líderes em diferentes circunstâncias e lugares, talvez pudesse, em um papo informal, ser de alguma utilidade a ele, o executivo – não necessariamente ao filho —, para refletir mais profundamente sobre esse desafio.

Como já estava se aproximando o fim do intervalo do seminário e eu tinha de voltar ao auditório para coordenar a segunda parte do evento, sugeri a ele que, se tivesse interesse, reservasse uma mesa em um restaurante próximo ao hotel onde transcorria o evento. Assim, poderíamos continuar aquela conversa durante o almoço.

Não deu outra. Ao meio-dia e trinta ele já me esperava na saída da sala. Fomos para o Amadeus, que serve um dos melhores cardápios de frutos do mar da capital paulista, além de contar com profissionais muito atenciosos.

Fizemos o pedido e fui direto ao ponto, apresentando ao pai do Miguel algumas provocações que também podem ser úteis para sua reflexão:

- liderança não é sinônimo de exercício de cargo, nem de posição social. Liderança não é uma habilidade exclusive de poucos privilegiados que estão no topo da pirâmide de uma empresa, escola, instituição governamental, clube ou entidade comunitária. Um cargo outorga poder a uma pessoa para ser chefe, para comandar, mas não necessariamente para liderar;

- liderança independe de idade, profissão, posição hierárquica, sexo, crença religiosa ou ideologia política. Todas as pessoas podem se tornar líderes em alguma circunstância na vida;

- liderança não é exercida apenas "de cima para baixo". É também para os lados e "de baixo para cima". O diretor de uma filial de uma multinacional pode liderar em alguma circunstância específica a matriz da sua empresa. Um filho pode influenciar a mãe. Uma enfermeira pode liderar o médico em um momento peculiar;

- liderança não é um fenômeno que ocorre de vez em quando, em situações excepcionais. Liderança é um ato corriqueiro que se dá no dia a dia em quase todos os aspectos da vida. Basta que duas pessoas estejam juntas para que a liderança, de alguma forma, seja exercida;

- liderança é a capacidade de influenciar outra pessoa. Esse é o conceito mais antigo e ao mesmo tempo o mais moderno sobre a essência da liderança. Por isso, talvez seja o conceito mais eterno sobre o tema.

Citei exemplos de situações cotidianas em que a liderança está sendo exercida, mesmo que de forma imperceptível: dois jovens conversam sobre um filme e um convida o outro para assisti-lo; uma aluna recomenda um livro a um professor e tenta convencê-lo de que o livro deveria ser lido por toda a turma; uma família planeja sair de férias e os filhos menores do casal insistem sobre o melhor destino para a viagem; um passageiro, atrasado para chegar ao aeroporto, pega um táxi e o motorista, contrariando o roteiro inicial traçado pelo cliente, convence-o a seguirem por outro percurso; o executivo decide comprar algo para presentear a esposa, mas sua secretária indica uma opção melhor, e assim em diante...

Tentei, com essa argumentação, ajudar o pai do Miguel a desmontar o modelo mental de que ele se tornou prisioneiro: o lugar-comum que sempre associa liderança à ideia de cargo, de posição hierárquica ou de um dom extraordinário que beneficia pessoas privilegiadas, visionárias e até mesmo "predestinadas".

Essa concepção obsoleta é baseada no binômio "comando e controle", cujo modelo não se sustenta mais. Seus alicerces estão ruindo. Os conceitos de liderança embasados na concepção piramidal das organizações, inspiradas no estilo militar-tecnocrata do período Pós-Segunda Guerra Mundial, estão com os dias contados. Aguentaram meio século, mas não funcionam mais para a nova realidade que já vivemos.

Uma das causas é o fato de estar ocorrendo uma espécie de **"erosão eletrônica da liderança"**: no passado, um funcionário jovem levava anos para conhecer ou poder falar com o presidente de uma empresa. Hoje, um jovem estagiário manda um e-mail para o poderoso chefe que está cinco níveis hierárquicos acima e... recebe resposta! O sentido da hierarquia mudou.

No Irã, o Twitter foi a estrela dos protestos contra o sistema extremista lá instalado. A internet virou uma espécie de "mesquita virtual", a principal ferramenta utilizada pelos manifestantes para enviar notícias para fora do país e burlar o regime truculento que tenta perpetuar certa forma de poder político e religioso por meio de artifícios eleitoreiros pretensamente democráticos. Em Cuba, o blog criado pela jovem Yoani Sanchez foi o veículo de divulgação do lado pouco revelado do regime repressor instalado na ilha pelos irmãos Castro há mais de meio século. A título de curiosidade: você sabe por que a "geração Y" é assim denominada? Exatamente devido ao fato de que as pessoas nascidas no mesmo ano que essa moça, cujo nome começa com Y, eram batizadas com nomes iniciados com uma letra, seguindo a palavra de ordem em Cuba, zona de influência do então regime soviético em que essa "tradição" foi iniciada.

Fui mais fundo e questionei também sua atitude de tentar "turbinar a carreira" do filho. Alertei-o para o fato de que essas interferências raramente dão certo.

Já estávamos na sobremesa quando enfatizei que ele próprio descrevera excelentes qualidades de líder que o rapaz já havia demonstrado — integridade, prestatividade, solidariedade com os amigos e a família. Chamei essas características de "competências intangíveis" de um líder, em contraposição àquelas "competências tangíveis" que são importantes, como o conhecimento técnico, por exemplo, mas que podem ser perecíveis devido à alta taxa de obsolescência da era em que vivemos.

"Seu filho tem qualidades que são ótimas", afirmei. "Em vez de forçá-lo a ser um líder dentro de um modelo estereotipado e caduco," — sugeri — "talvez fosse melhor você tentar ajudá-lo a descobrir o líder que existe dentro dele e a potencializar aqueles traços que ele já possui. Ajude-o a construir o estilo dele, pessoal e intransferível, como líder".

Ele agradeceu, fez questão de pagar a conta do restaurante e me pareceu sincero, quando, emocionado, confidenciou-me: "Vou ajudar o Miguel a descobrir o líder que existe dentro dele. E vou tentar ajudá-lo a criar oportunidades para que exerça a liderança mesmo que não ocupe cargos formais de comando. Confesso que quem tem mais a mudar sou eu!".

Decidi relatar essa experiência vivida hoje porque lembro claramente do que aconteceu durante aquele evento sobre Equipes de Alta Performance que eu conduzi na sua empresa. Constrangidos, você e sua colega de equipe se recusaram a assumir novas responsabilidades. Recordo-me muito bem quando, interrompendo seu chefe, você disse: "Agradeço de coração, mas eu não quero ser líder... Eu não nasci com esse dom!".

Formas de pensar como essa fazem com que o potencial de liderança dentro das empresas não seja devidamente aproveitado e que muitas pessoas percam oportunidades de sucesso na carreira.

Por falta de sucessores preparados, assistimos ao triste espetáculo de empresas sólidas se desmancharem quando o fundador se aposenta. Muitos empreendimentos potencialmente vitoriosos sucumbem diante da triste constatação: "A ideia é boa, mas infelizmente não temos quem possa liderar esse projeto!". Ficamos surpresos ao tomar conhecimento do desperdício de verdadeiras fortunas destinadas a formar líderes eficazes, mas que, no máximo, conseguem formar apenas gerentes um pouco mais eficientes.

Segundo diversas pesquisas, mais da metade dos empresários e executivos do primeiro escalão das empresas nacionais acredita que suas corporações não possuem líderes nem em quantidade nem com a qualidade necessárias para executar as estratégias empresariais, superar os desafios e aproveitar as oportunidades que as circunstâncias da economia brasileira oferecem.

Veja que desperdício: de um lado, as empresas reconhecendo a falta de líderes como seu maior "calcanhar de Aquiles"; do outro, pessoas talentosas como você achando que são incapazes de liderar e abdicando das oportunidades de exercer a liderança porque acreditam que não nasceram para isso. Onde reside a causa desse problema? Justamente na concepção ultrapassada sobre liderança, que produziu uma série de mitos. É preciso abatê-los, um a um.

Mas isso já é tema para a próxima carta, em que pretendo encorajar pessoas com potencial de liderança como você a se libertarem de pelo menos cinco mitos frequentes.

Por enquanto, o mais importante é refletir e tentar descobrir a força para a liderança que existe dentro de você!

PONTOS PARA REFLEXÃO

1. Tenho exercido minha capacidade de influenciar outras pessoas mesmo em situações informais? Liste três exemplos.

2. Quais são as principais oportunidades que não tenho aproveitado para exercer a liderança no trabalho, na escola, em casa, no bairro, no clube? Liste pelo menos três situações.

3. Quais ações posso começar a praticar para aumentar meu autoconhecimento e minha capacidade de liderar?

3. LIBERTE-SE DE CINCO MITOS

De: cesarsouza@empreenda.net
Para: você@jovemlider.com.br
Assunto: LIBERTE-SE DE CINCO MITOS

Fiquei feliz ao ler seu e-mail contendo o enunciado dos sonhos que você gostaria de ver transformados em realidade nos próximos anos.

Sua determinação de trabalhar em uma empresa que valorize seu potencial e da qual você sinta orgulho de pertencer pelas causas que abraça é realmente uma aspiração digna de um jovem perseverante e ambicioso — mas sem ser ganancioso —, como você tem demonstrado ser.

O desejo de constituir família também me parece apropriado após todas as experiências que relatou. Esteja preparado para um dos maiores desafios como líder: o de ser pai. Você vai perceber que liderar no trabalho muitas vezes será bem mais fácil que a tarefa de educar filhos. A grande questão será preparar filhos melhores para nosso mundo, e não apenas "construir um mundo melhor para nossos filhos".

Também compreendo o seu maior pesadelo: o risco de complicações da hipertensão arterial que você só descobriu recentemente. Mas só o fato de estar consciente dessa possibilidade já deve lhe dar forças para cuidar melhor de si, preventivamente, e mitigar os riscos dessa doença crônica, silenciosa e traiçoeira que tem afetado um número crescente de pessoas jovens — e não apenas os idosos, como se pensava até cinco anos atrás.

A hipertensão arterial deve ser enfrentada com um tripé de iniciativas: (1) alimentação mais saudável com menor ingestão de sal e gorduras; (2) atividade física diária; e (3), se houver necessidade, medicação prescrita e acompanhada por um bom clínico. É o equilíbrio desses três fatores que o manterá saudável e longevo sem maiores sacrifícios e riscos.

No seu e-mail você me perguntou se a liderança é inata ou pode ser aprendida, qual a importância do carisma para a eficácia do líder e qual o estilo ideal do líder. As questões formuladas me oferecem a oportunidade de demolir cinco mitos bastante enraizados na discussão sobre liderança. Eles foram difundidos pelo "senso comum", o que não corresponde necessariamente a "bom-senso".

Mito 1:
"A liderança vem de berço, é inata!"

Não há evidência de que essa crença seja verdadeira. Quero afirmar desde já que ninguém nasce líder. Uma pessoa pode *aprender* a ser líder.

Infelizmente, a crença infundada de que a liderança seria inata é uma das principais causas de inúmeros erros na hora de selecionar candidatos, promover profissionais, escolher parceiros, educar filhos e relacionar-se com alunos. Já ouvi de muitos empresários e executivos a afirmação categórica "fulano nasceu para ser líder!". E contratam essa pessoa promovendo-a rapidamente a posições de liderança para só mais tarde descobrirem que aquele pretenso "DNA de líder" não existia; era uma mera ilusão de percepção, ou melhor, de concepção.

Também é frequente a situação oposta: empresários, líderes políticos, professores e pais que tiram conclusões e, num muxoxo, vaticinam que "sicrano não nasceu para líder!", criando enorme prejuízo no capital intelectual de uma família, empresa e na sociedade. Eis um modo "eficiente" de castrar o potencial de uma pessoa ao diminuir sua autoestima, fechando as portas. Assim, ela é impedida de exercer sua parcela de influência em situações nas quais poderia ser útil.

Mais tarde, esses "falsos profetas" se surpreendem quando pessoas que tiveram o atributo de liderança negado por eles começam a brilhar como líderes em outras circunstâncias ou em outras empresas ou mesmo empreendendo o próprio negócio, empunhando uma bandeira social ou simplesmente se destacando por um feito notável.

O que mais me espanta é a frequência com que isso ocorre entre líderes já estabelecidos e experientes, alguns deles esclarecidos e eruditos. Sabem apreciar uma obra de arte e distinguir de olhos fechados certas marcas e até safras dos melhores vinhos, mas nem sempre conseguem perceber o potencial de pessoas da sua convivência.

Não é menos decepcionante perceber como muitos jovens, estudantes, filhos de empresários, candidatos a empregos, trainees e jovens executivos acabam se deixando dominar por esse mito e se acomodam, refugiando-se em atividades que exijam o mínimo de interação com outras pessoas.

A dura realidade nos ensina que nem sempre "filho de peixe, peixinho é". Vemos, sim, o contrário: filhos de líderes poderosos que, salvo raras exceções, se transformam em herdeiros medíocres e líderes desastrosos. Se você me permite uma analogia, é como uma árvore frondosa, tão poderosa que, sob sua sombra, as sementes não frutificam como se esperava.

Permita-me também não citar exemplos do mundo real, por uma questão de respeito e elegância, mas sugiro que você interrompa esta leitura por alguns segundos, feche os olhos e pense em poderosos líderes políticos, empresários e celebridades que você conhece, mesmo que apenas através da mídia. Tente se lembrar agora dos filhos dessas personalidades e enumerar quantos deles têm sido exemplo de competência.

Felizmente para a humanidade, o "DNA de líder" não existe. Nenhuma das características que tornam um líder eficaz pode ser transmitida geneticamente. Ainda bem que não é possível clonar líderes feitos à imagem e semelhança de antecedentes.

Mito 2:
Carisma é fundamental

Essa crença também é infundada. Liderança não é sinônimo de carisma, nem de falar bem, muito menos de extroversão.

Se uma pessoa tem carisma, ótimo — isso facilita o exercício da liderança. Mas, se não tem elevado carisma, não significa que não pode ser líder. O carisma pode até alavancar o líder, mas não substitui outras forças necessárias. O líder eficaz precisa ter conteúdo. Afinal de contas, você já deve ter ouvido a expressão "saco vazio não fica em pé durante muito tempo". Pois é, líder vazio, só cheio de carisma, tem o prazo de validade limitado.

Na minha trajetória, encontrei muitos líderes competentes, nos quatro continentes, cujo grau de carisma não é muito elevado, mas isso não os impediu de exercer a liderança eficazmente.

Muitas pessoas, mesmo tímidas, são líderes eficazes porque sabem construir com suas equipes o rumo a seguir, têm coragem para tomar decisões difíceis e sabem se cercar de pessoas que as complementam, inclusive para compensar seu baixo nível de carisma quando as circunstâncias exigem.

Ah! Quanta gente perde a chance de exercer liderança porque se julga tímida e pouco carismática... Fuja dessa armadilha mental!

Mito 3:
Existe um estilo ideal de liderança!

Outro engano criado por modelos simplificadores da realidade. Muitas empresas e pessoas foram educadas sob a égide do *managerial grid*, um esquema de pensamento que reduzia a ação do líder a duas dimensões: Foco nas Pessoas e Foco nas Tarefas. Era como se o mundo empresarial e da liderança fosse apenas bidimensional.

Desse modelo saíram os famosos blocos que rotulavam os candidatos a líder em Quadrante I (que tem baixa orientação para pessoas e baixo foco nos resultados e nas tarefas) até o Quadrante IV, considerado o perfil ideal.

Em nome dessa simplificação, muitos treinamentos gerenciais pretendiam transformar as pessoas naquilo que elas não são. Eu mesmo, no meu tempo de executivo, contratei essa metodologia para treinar futuros líderes na empresa que trabalhava.

O modelo começou a ruir quando surgiram casos de líderes com alto grau de sucesso na prática, mesmo estando longe do Quadrante IV. Testemunhei, também, vários casos de fracassos daqueles que se encaixavam na teoria do modelo ideal.

Um derivativo dessa busca do estilo ideal de liderança é a célebre discussão sobre o que é melhor, se líderes participativos ou líderes centralizadores, com o viés de sempre apontar os participativos como melhores e mais eficazes.

Sinto também contrariar essa pretensa tese. A maioria dos líderes centralizadores não é eficaz, mas também conheço muitos líderes participativos que são um fiasco e alguns líderes centralizadores que, dependendo da situação, conseguem ter sucesso em missões específicas. Você consegue se lembrar de pelo menos um exemplo de cada tipo que também contraria a tese?

Minha experiência tem demonstrado que não existe o estilo ideal de líder, pois isso varia em função das circunstâncias. Continuo achando que uma das melhores contribuições ao pensamento sobre a liderança é o antigo, e ao mesmo tempo moderno, conceito de Liderança Situacional, inicialmente formulado por Paul Hersey há cerca de quatro décadas.

Não perca seu tempo em busca do estilo ideal. Potencialize suas melhores qualidades e saiba lidar bem com as diferentes circunstâncias que você encontrará o estilo ideal — dentro de você!

Mito 4:
O líder forma seguidores

Peço a você que, mais uma vez, feche os olhos durante 30 segundos... Pense em um momento em que a liderança esteja sendo exercida por alguém. Qual é a imagem de que você consegue se lembrar? Alguém discursando para uma plateia entusiasmada? Ou uma pessoa posicionada na frente com seguidores atrás?

Essas imagens que os filmes de Hollywood e boa parte da literatura cravaram na nossa memória foram intensificadas a partir do final da Segunda Guerra Mundial. Seus heróis se tornaram os símbolos do modelo mental da Era do Comando, o paradigma de liderança e gestão das últimas cinco décadas.

Pois bem, ouso afirmar que o verdadeiro líder não é necessariamente quem tem gente atrás de si, mas quem tem gente *em torno* de si. Esse é aquele líder que constrói com sua equipe, em vez de simplesmente comandá-la, obtendo, assim, o grau de engajamento e comprometimento necessários para enfrentar as incertezas e as turbulências dos dias atuais.

Mito 5:
Visão masculina da liderança

Quando fazia pesquisas para meu livro anterior, *Você é o líder da sua vida?*, tive uma grande surpresa: dos 262 livros sobre liderança que consultei, apenas oito haviam sido escritos por mulheres!

A surpresa foi maior ainda quando constatei que, mesmo nesses poucos livros escritos por mulheres, a maioria dos exemplos de liderança ainda se referia a personagens masculinos — Alexandre, o Grande; Hitler; Napoleão; Jack Welch; Steve Jobs; Andy Grove e... Jack Welch!

Só de vez em quando aparecia alguma referência a Madre Teresa de Calcutá, Margareth Thatcher ou a certas personagens femininas do mundo empresarial.

Essa visão preponderantemente masculina sobre liderança não corresponde mais à realidade. As mulheres exercem parcela cada vez maior de influência e liderança em casa, nas escolas, empresas, ONGs e em posições governamentais, inclusive como presidentas de vários países. Algumas delas se sobressaem nesse ambiente notoriamente masculino, como as competentes premier alemã Angela Merkel e a ex-presidente do Chile, Michelle Bachelet.

A incorporação da inteligência das mulheres como vantagem competitiva tem sido um dos argumentos mais frequentes nas palestras que realizo sobre como aumentar a competitividade de produtos, negócios e empresas.

Por muito tempo, as empresas da Era Industrial desperdiçaram o potencial da competência feminina. Aprisionadas por uma cultura empresarial em que predominavam crenças como "você é pago para fazer e não para pensar" ou pelo célebre "manda quem pode, obedece quem tem juízo", as empresas confinaram as funcionárias a tarefas rotineiras e subalternas, na obsessiva busca pela economia de escala, quando a força física era fator relevante na produção.

Mas, na atual Era dos Serviços, a matéria-prima básica passou ser a imaginação humana, a criatividade, a inovação. As empresas que desejam sobreviver nesse novo cenário não podem mais se dar ao luxo de selecionar apenas uns poucos para pensar, enquanto engaiolam a maior parte da sua força produtiva na execução. Também não podem mais prescindir do emocional das pessoas e contar apenas com seu lado racional no dia a dia do trabalho.

O compartilhamento do poder decisório com as mulheres virou questão de sobrevivência das empresas competitivas. Essas empresas precisam de todos pensando, criando, inovando. E precisam utilizar melhor a diversidade de seus talentos, verdadeira riqueza que tem sido negligenciada pelas exigências, até há pouco vigentes, de padronização de comportamentos. Talento criativo não tem sexo, cor, nacionalidade, tamanho ou idade.

É importante ter em mente que o sexo feminino já é maioria na população em 25 dos 27 estados brasileiros. As mulheres serão muito mais aptas a desenhar produtos e serviços capazes de realizar o sonho e encantar essa crescente massa de consumidoras nos grandes centros urbanos. Essa tendência salta aos olhos nos Estados Unidos, onde cerca de oito milhões de empresas já são dirigidas por mulheres. Aqui no Brasil, mais da metade das novas empresas registradas nos últimos anos foi criada por mulheres empreendedoras. Mais da metade!

Não se trata de defender uma suposta supremacia feminina na liderança dos negócios, mas sim a heterogeneidade de percepções que a mistura de sexos proporciona. Uma empresa com homens e mulheres nos cargos estratégicos tem uma visão muito mais ampla que aquelas nas quais apenas os homens dominam.

Não é por mera coincidência que, nas recentes listas das "100 Melhores Empresas para se Trabalhar no Brasil", uma fatia crescente das posições gerenciais esteja sendo ocupada por mulheres — provavelmente uma das razões para essas empresas serem classificadas entre as melhores nesse momento em que a caça ao talento se tornou um dos esportes favoritos das empresas vencedoras.

O que mais me impressiona é que a literatura sobre liderança não acompanha essa tendência e continua tratando do tema quase exclusivamente sob a ótica masculina.

Enquanto isso, ironicamente, as empresas têm gasto verdadeiras fortunas tentando desenvolver em seus dirigentes masculinos características do universo feminino: capacidade de negociação, sensibilidade para a necessidade dos outros, preocupações comunitárias etc. viraram vantagens no mundo corporativo atual. Além disso, as mulheres valorizam mais o trabalho em equipe; são mais perseverantes e constantes; são menos imediatistas e mais capazes de raciocinar no longo prazo; sobrevivem melhor em tempos de aperto; têm maior abertura c flexibilidade para o aprendizado constante. Pense apenas em duas dessas competências: trabalho em equipe e flexibilidade. Convenceu-se do argumento?

Felizmente, o "poder do batom" está se tornando uma realidade sem a radicalização que marcou os primeiros passos do movimento feminista, e as mulheres competentes têm evitado a tentação de imitar o comportamento masculino.

Já é tarde da noite. Amanhã terei de me preparar para uma viagem ao exterior. Espero que nesta longa carta eu tenha conseguido levá-lo a refletir mais profundamente e até mesmo a se libertar desses cinco mitos que empobrecem a forma de pensar sobre a liderança. São crenças e dogmas que podem ter sido úteis lá pela segunda metade do século XX, mas com certeza não correspondem mais ao que é necessário para o exercício eficaz da liderança daqui em diante.

PONTOS PARA REFLEXÃO

1. Enumere de 1 a 5, por ordem de intensidade, o grau em que cada um desses mitos está arraigado em você:
   ( ) Líder nasce pronto
   ( ) Carisma é fundamental
   ( ) Estilo ideal existe
   ( ) Líder forma seguidores
   ( ) Liderança é mais competência masculina que feminina

2. Como você descreveria seu estilo pessoal e intransferível de liderança? (Liste cinco adjetivos)

3. Quais são as três ações mais imediatas que você deveria iniciar para se tornar um líder melhor?

4. DEFINA O PROPÓSITO, LEVANTE UMA BANDEIRA

De: cesarsouza@empreenda.net

Para: você@jovemlider.com.br

Assunto: DEFINA O PROPÓSITO, LEVANTE UMA BANDEIRA

Desculpe-me pela demora para voltar a lhe escrever. Estou há duas semanas no maior sufoco, nos Estados Unidos, executando trabalhos de consultoria e participando de intermináveis reuniões com clientes, dirigentes das filiais brasileiras de empresas cujas matrizes estão aqui sediadas.

Finalmente, consegui uns momentos de folga e, após fazer o meu *jogging* à beira do rio Potomac, em Washington, D.C., a bela capital norte-americana, passei o final da tarde no *Air and Space Museum*, que faz parte do *Smithsonian Institution*, um dos maiores complexos de arte do mundo.

Durante a visita ao museu, ouvi, mais uma vez, a gravação do famoso discurso à nação proferido pelo presidente John F. Kennedy em 1961: "Até o fim desta década colocaremos o homem na Lua... E o traremos vivo de volta!".

JFK disse e fez! Líder notável, comunicador brilhante, ao enunciar esse desejo, ele conseguiu aglutinar a vontade política e popular para que os americanos fizessem os sacrifícios necessários e o Congresso aprovasse um orçamento especial. E assim a NASA pôde vencer os soviéticos na corrida espacial.

Mas o que desejo evidenciar é que esse enunciado de Kennedy não se tratava apenas de uma meta. Transformou-se numa causa, em algo que transcendia o objetivo, a missão, a tarefa, o feito em si.

Em junho de 1969, o astronauta Neil Armstrong caminhou pela superfície lunar e fez um comentário que se tornou célebre: "Um pequeno passo para um homem, mas um grande passo para a humanidade". John Kennedy não sobreviveu para saborear a transformação da causa que enunciara em uma mola propulsora do desenvolvimento das últimas décadas do século XX, mas o mundo todo se beneficiou da explosão tecnocientífica daí advinda, a qual fertilizou o progresso das telecomunicações, da biotecnologia, da nanotecnologia e, por que não dizer, foi a primeira semente da Internet.

Ainda no museu, lembrei-me da visita que fiz à NASA, em Houston, Texas, em 1974, apenas cinco anos após Armstrong ter fincado a bandeira americana na Lua. O grupo estava bastante excitado com aquela oportunidade. Eu quase nem conseguira dormir na noite anterior.

Ao atravessarmos um dos prédios, percebemos um senhor com uniforme bastante peculiar e um equipamento estranho nas mãos, aparentemente fazendo a limpeza de um dos carpetes e bastante compenetrado na sua tarefa.

— O que o senhor está fazendo? — perguntou um colega.

— Sou o faxineiro deste prédio. Meu trabalho é o de ajudar a colocar o homem na Lua! — respondeu aquele senhor.

Nunca me esqueci dessa frase. Cerca de 40 anos depois, ainda me lembro perfeitamente do silêncio perturbador no qual mergulhamos.

O presidente Kennedy realmente havia conseguido o que só os líderes inspiradores conseguem: construir uma causa, enunciá-la e obter o comprometimento em todos os níveis hierárquicos. Ele deu um significado à vida profissional daquele senhor. Deu uma razão de ser para sua tarefa. Criou um sentimento de orgulho pela sua contribuição!

Foi a primeira vez em que comecei a pensar seriamente nessa competência do líder, a capacidade de construir com sua equipe uma causa mobilizadora que faz com que todos sintam-se engajados e trabalhando em prol de algo maior, que ultrapassa o *job description* de cada um. Contei esse episódio ao meu querido professor Igor Ansoff, a quem já fiz referência quando enviei para você o meu "bilhete de apresentação". Ele é o autor do livro *Estratégia empresarial*, publicado em 1965. Ansoff foi o primeiro a reunir essas duas palavras, formando uma nova disciplina para o mundo dos negócios. Argumentei com ele que não adianta uma empresa ter uma estratégia sofisticada se seus líderes não são capazes de traduzi-la em uma causa que comprometa as pessoas.

Uma noite ele me convidou para jantar em sua casa, considerada na época um verdadeiro "santuário" pelo mundo acadêmico, afinal ele era uma das maiores estrelas do *management* na década de 1970. Ao se despedir de mim, o professor gentilmente me acompanhou até a porta e me deu um dos maiores presentes que poderia receber na vida: "César, um dia você precisará escrever um livro sobre o lado humano da estratégia. Proponho que use o título *The Human Side of Strategy*".

Foi mais uma noite sem dormir, saboreando cada palavra do inesquecível mestre.

Ainda não escrevi o livro, mas revelo para você a essência da mensagem: estratégia não é algo apenas racional, lógico, quantitativo, macroeconométrico, formal ou modelado. O cemitério corporativo está cheio de empresas com estratégias mirabolantes que não conseguiram sair do papel ou do campo das intenções. Estratégia é, também, um processo emocional, humano, intuitivo, dinâmico. Para conseguir transformar estratégias em fatos e converter sonhos em realidade, o líder precisa definir um propósito, construir uma causa, oferecer uma bandeira aos seus liderados. Só assim obterá comprometimento com a execução do planejado.

Ao anoitecer, saindo do museu e atravessando o Washington Mall, a enorme avenida com vários monumentos históricos, lembrei-me de que aquele cenário foi o palco, em 1968, do enunciado de outra causa, também muito marcante. *"I have a dream..."*, declarou Martin Luther King ao enumerar seus sonhos, que se transformaram na causa da luta pela integração racial e o fim da absurda segregação entre negros e brancos, uma mancha na história dos Estados Unidos. Mais recentemente, o democrata Barack Obama elegeu-se presidente americano graças, em grande parte, à causa da mudança que conseguiu articular pelo slogan *"Yes, we can!"*.

Na África do Sul, Nelson Mandela defendeu a causa do fim do *apartheid* e, mesmo preso durante 27 anos, conseguiu manter acesa a bandeira que levantara por uma sociedade mais livre e democrática.

A reunificação das duas Alemanhas foi uma causa pela qual muita gente se engajou desde o final da Segunda Grande Guerra e que se tornou realidade em novembro de 1989 com a queda do muro de Berlim. Chamo a atenção para a diferença entre **causa** e **meta**. A reunificação era a causa, e a queda do muro, a meta, o fato tangível.

Fico impressionado ao constatar, em época de eleições, os candidatos desfilando suas pretensões por cargos, mas incapazes de definir o propósito, explicitar a bandeira que defendem, a causa à qual desejam servir, o motivo pelo qual os eleitores deveriam confiar seu voto nas suas candidaturas.

As causas são muito mais que slogans para fins publicitários, e não se limitam aos líderes políticos. A saudosa Dra. Zilda Arns, que fundou e presidiu a Pastoral da Criança para servir à causa de "melhorar a vida de 2 milhões de crianças carentes no Brasil", conseguiu baixar significativamente a taxa de mortalidade infantil para patamares abaixo da média nacional nas comunidades em que atuava, salvando milhares de vidas. Para isso, contou com o trabalho de um verdadeiro "exército" de voluntárias, fazendo o bem, motivadas unicamente pela nobre causa à qual servem. Espero que seus sucessores e apoiadores continuem a obra que ela iniciou e superem seu trágico desaparecimento no Haiti, empunhando a bandeira que ela defendeu corajosamente.

José Caldas Pinto, mais conhecido como o Zé Pescador, fundou e dirige a Pró-Mar, uma ONG na Ilha de Itaparica, localizada bem defronte da capital baiana. Ele definiu com clareza a causa que abraçou e formulou com a comunidade local: "Transformar os hábitos dos pescadores na Ilha de Itaparica para impedir a pesca predatória na ilha".

Já no mundo empresarial, são notáveis vários exemplos de Causas inspiradoras. Em 1989, perguntei a Akio Morita, fundador e presidente da Sony, qual a causa da sua empresa e fiquei surpreso com a resposta imediata e firme: "Contribuir para melhorar a imagem do Japão no mundo". Levei semanas digerindo aquelas palavras. Afinal, pensava eu, ele não mencionou produtos. Nem lucros. Nem fatia de mercado. Mencionou algo que transcende a empresa como mera fabricante de bens e serviços. Fiquei me perguntando: quem não gostaria de trabalhar para uma empresa cuja bandeira é melhorar a imagem do seu país no mundo?

A Amazon.com definiu com clareza a que veio, desde sua fundação: "Facilitar a vida das pessoas para que qualquer um possa comprar qualquer coisa a qualquer hora!". Também os líderes da Nestlé colocaram com clareza sua bandeira: "Ser uma empresa de nutrição, bem-estar e saúde (não apenas de alimentos)". A causa da Petrobras seria "Tornar o Brasil autossuficiente em energia e petróleo". Já a Accor Services se propõe a "Facilitar a vida do trabalhador brasileiro e contribuir para aumentar a performance e a produtividade das empresas". A Solvi Ambiental se redesenhou para servir à causa de "Ser a melhor empresa na gestão de engenharia de soluções para a vida"; A Knorr Bremse, que fabrica freios para a indústria ferroviária, adotou o compromisso de "Garantir segurança e tranquilidade para mais de um bilhão de usuários de transporte em massa diariamente". Quem não se sente motivado em trabalhar em empresas assim?

Contudo, isso não é coisa só de empresas grandes. O proprietário de um hotel de lazer na costa brasileira me confidenciou que dizia aos seus colaboradores que o hotel existia para "Realizar os sonhos de nossos clientes e transformá-los em fãs!". E os fundadores da oficina mecânica Autoestima, localizada na capital paulista, enunciaram uma ousada causa para seu pequeno negócio: "Montar um salão de beleza para automóveis, que cuide não apenas dos carros, mas também dos clientes".

Um dos meus exemplos favoritos é a Magazine Luiza, comandada pela grande dama do varejo brasileiro Luiza Helena Trajano. Não só pela construção da causa, mas pelo empenho com que todos na empresa se dedicam a torná-la realidade — "Ser Feliz. Não apenas vender produtos, mas sim novas formas de fazer as pessoas mais felizes, proporcionando momentos de alegria e bem-estar para todos com os quais se relaciona".

Espero que você tenha percebido por meio desses exemplos que o verdadeiro líder tem um propósito, oferece causas, e não apenas empregos. Motiva ao oferecer um significado às pessoas que lidera, não apenas por oferecer recompensas por metas atingidas.

Coincidentemente, li hoje cedo no jornal *Washington Post* os resultados de uma pesquisa on-line realizada pela empresa de consultoria Accenture: no levantamento feito com mil mulheres de 22 a 35 anos nos Estados Unidos, 66% disseram que **sucesso é trabalhar com algo que tenha significado para elas**!

Amanhã retorno ao Brasil. Gostaria de concluir esta mensagem para você frisando que o propósito, a causa, é uma espécie de "cola" que liga uma equipe na empresa, os membros de uma família, colegas em uma escola, em um clube. A causa cria um espírito de comunidade que une as pessoas!

Um lembrete importante: o verdadeiro líder serve à causa, e não se serve da causa, como ouvi certa vez do meu querido amigo, o filósofo e educador Mário Sérgio Cortella. Quem se serve da causa para benefícios pessoais não é líder e acaba se revelando, mais cedo ou mais tarde, apenas um habilidoso oportunista.

PONTOS PARA REFLEXÃO

1. Em qual aspecto da sua vida está a melhor oportunidade para você construir uma causa e melhorar sua eficácia como líder?
   a. Na sua vida pessoal
   b. Na sua família
   c. No trabalho
   d. No clube/comunidade/vizinhança

2. Qual é a causa da empresa em que você trabalha? Ou da sua escola? (Se você não conseguir enunciá-la, procure conversar com o seu líder, chefe ou professor)

3. Qual é o melhor exemplo de propósito, bandeira empunhada ou causa defendida por algum líder que você conhece?

5. INTEGRE PESSOAS, EQUIPES, IDEIAS

De: cesarsouza@empreenda.net
Para: você@jovemlider.com.br
Assunto: INTEGRE PESSOAS, EQUIPES, IDEIAS

Um dos maiores desafios dos líderes, em uma empresa, é o de integrar os membros da sua equipe no trabalho, criando sinergia e obtendo o melhor de cada um, de modo a atingir — e preferencialmente superar — os resultados desejados. Contudo, nem todos conseguem o grau de integração almejado. Alguns atingem os objetivos propostos à custa da felicidade das pessoas, em um ambiente de competição e discórdia. Outros até criam excelente clima entre as pessoas, mas a equipe não consegue produzir os resultados necessários, e reina entre seus membros uma espécie de integração improdutiva.

Andei pensando em como expressar isso em uma carta para você de forma clara, mas sem simplificações exageradas, nem complicações desnecessárias. Cheguei a preparar dois rascunhos, mas resolvi não os enviar porque eu próprio não estava convencido do que escrevera. Faltava algo interessante que distanciasse meus argumentos do lugar-comum que prevalece quando se discute a obviedade da integração. Ontem, porém, aconteceu algo inesperado que lançou luzes sobre esse desafio dos líderes. Fui visitar, em Nova Iorque, uma exposição do grande pintor francês Henri Matisse, e dois dos seus quadros me remeteram a várias questões que estavam adormecidas nos meus pensamentos.

Isso só foi possível porque, na volta para o Brasil, "cavei" uma escala nessa grande metrópole Americana: saí de Washington pela manhã, mas o voo para São Paulo só partiria às 20h. Fui, então, almoçar na região do Greenwich Village com uns amigos que não revia desde o atentado às torres gêmeas, em 2001. Foi uma alegria, pois pudemos aliviar as saudades. Como ainda dispunha de cerca de três horas livres até o momento do embarque, resolvi, no trajeto de volta para o aeroporto, dar uma parada no Metropolitan Museum, pois um dos amigos comentou que aquela seria a última semana daquela concorrida exposição das obras de Matisse.

Percorri várias galerias do museu, admirando o trabalho do artista — algumas, eu já havia contemplado no Musée D'Orsay, em Paris, e outras, em uma pequena mostra promovida pela Pinacoteca, na capital paulista. Nenhuma grande novidade, até que me deparei com as duas grandes telas, as mais conhecidas dele, expostas em duas paredes, uma defronte da outra. Eram as únicas telas naquela grande sala. Um destaque e tanto para aqueles quadros que pertencem ao Museu do Hermitage, na Rússia, e que só saem de lá em ocasiões muito especiais.

Fiquei em silêncio, mas um turbilhão de ideias passava pela minha cabeça, enquanto saboreava a beleza ímpar da tela que ele denominou *A Música*. Virando para o outro lado, contemplei a outra, conhecida como *A Dança*. A "ficha" caiu: vieram à memória diversas conversas com presidentes de empresas que afirmavam que seus diretores "são craques, super-reconhecidos pelo mercado, ganham prêmios, são inteligentes, dominam seus assuntos como poucos, mas... não conseguem jogar juntos". Um deles, mais exaltado com a falta de integração dos seus gerentes, desabafou com seu sotaque nordestino: "Essa tal de sinergia nunca passou por aqui!".

Olhando aqueles quadros, formulei uma espécie de síntese dessas inúmeras solicitações que recebi ao longo de minha carreira para ajudar na integração de equipes, uma das maiores angústias dos dirigentes. Batizei, então, aqueles dois quadros com nomes diferentes daqueles dados pelo artista. Denominei de "Ilhas de Competência" aquele que Matisse se referia como *A Música* e de "Arquipélago de Excelência" o que ele chamou de *A Dança*. E disse em voz alta, o que causou certo espanto aos outros visitantes que circulavam pela sala: *"O papel do líder é transformar ilhas de competência em um arquipélago de excelência!"*.

O líder competente é aglutinador, sinérgico, um verdadeiro "construtor de pontes" e de convergências entre posições divergentes: um articulador. No mundo político, um dos melhores exemplos no Brasil é o do falecido presidente Tancredo Neves, que adoeceu na véspera de assumir o cargo, falecendo dias depois, e exibia grande habilidade em conciliar interesses distintos. Grande político e negociador, Tancredo conseguiu dobrar a ditadura ao manter diálogo com os membros do regime militar (1964-1985), ao mesmo tempo em que promovia a democracia ao lado de forças do centro e da esquerda do país.

Feito esse preâmbulo, gostaria que você agora refletisse comigo sobre as inúmeras vezes em que presenciou ou soube de pessoas que são competentes individualmente, mas que se mostram incapazes de contribuir para o trabalho em equipe e para maximizar o potencial de cada membro do grupo.

Lembrou-se de alguma situação? Isso não ocorre apenas nas empresas. É muito frequente também em escolas, hospitais e famílias. Mas é na prática de esportes que visualizamos com mais facilidade os benefícios criados pelo trabalho coletivo ou os prejuízos causados pelo individualismo, quando o estrelismo é mais forte que o conjunto.

Um exemplo marcante é o do time de futebol do Real Madrid, que durante alguns anos foi considerado uma verdadeira seleção mundial pela qualidade e fama dos seus craques. Reunia nada menos que sete dos onze jogadores considerados os melhores do mundo. Mas, durante três anos, esse timaço, também conhecido como os "Galáticos", não conseguiu ganhar nenhum campeonato que disputou no seu país e muito menos na Liga dos Campeões da Europa. Certa feita, vi o time espanhol perder para a seleção de Mônaco, e estava jogando em casa. Perdia até para times desconhecidos, como o Getafe! Só conseguiu superar essa fase e conquistar um campeonato quando se livrou de algumas estrelas milionárias. O Real Madrid havia juntado um grupo de craques, mas não conseguiu transformá-los em uma equipe eficaz. Era composto de "ilhas de competência", que não conseguiam jogar como uma equipe de alta performance porque não se constituíam em um "arquipélago de excelência". Faltava um líder para inspirar a integração que superasse o estrelismo e individualismo dos craques. Essa sinergia só foi obtida anos depois, quando um desses craques, o Zidane, um grande jogador e um ótimo líder, aceitou o convite para ser o técnico do time.

Muitas empresas também possuem craques nos diferentes setores – Finanças, Logística, Marketing, Produção etc. –, mas a própria estrutura departamentalizada que funciona na base do "cada macaco no seu galho" impede a sinergia. A consequência é um custo invisível bastante elevado que corrói a eficácia da empresa como um todo.

Já a seleção de futebol da Grécia, que venceu, na casa do adversário, o campeonato europeu em 2006, derrotando a favorita equipe de Portugal, deu um exemplo notável de trabalho em equipe e atuação em conjunto. Você seria capaz de se lembrar do nome de algum jogador da seleção grega que conquistou esse campeonato? Aposto que não, mas com certeza sabe "de cor e salteado" quem eram algumas das estrelas do Real Madrid naquela época em que o time não ganhava títulos importantes apesar da milionária folha de pagamentos das suas estrelas.

Está ficando claro o ponto que quero salientar? Por razões como essa é que sempre afirmo que o melhor jogador do mundo se chama "conjunto". Quando "ele", o conjunto, entra em campo, o time fica imbatível.

O conjunto sempre foi a arma secreta de times notáveis como o Santos Futebol Clube (São Paulo) e o Botafogo de

Futebol e Regatas (Rio de Janeiro), que encantavam as plateias dos estádios de futebol ao longo da década de 1960. O time do Santos contava com craques como Pelé, Coutinho, Zito e Pepe; o Botafogo, com Garrincha, Didi e Nilton Santos. Mas ambos funcionavam como orquestras bem afinadas mesmo quando não contavam com suas estrelas.

Um dos melhores exemplos da força do conjunto e da integração de diferentes valores é dado pelos desfiles das escolas de samba. É preciso haver muita coordenação para mostrar em apenas 90 minutos na passarela todo o trabalho de quase um ano de preparação de enredo, fantasias, música, alegorias, diferentes alas etc.

Bernardinho, o técnico da seleção de vôlei, é outro exemplo contemporâneo de liderança que valoriza e consegue grande grau de sinergia e trabalho de equipe, e assim o resultado é bem maior que a soma dos valores individuais. Ele conseguiu montar uma verdadeira máquina de vitórias: conquistou o heptacampeonato da Liga Mundial de Vôlei e várias medalhas de ouro, inclusive no Pan-Americano disputado no Rio de Janeiro, em 2007, e no Campeonato Mundial, ocorrido no Japão, criando uma equipe de feras integradas. A partir daí, colecionou uma série de títulos relevantes. Em uma equipe de 12 jogadores, Bernardinho conseguiu identificar e estimular seis deles para exercerem, em algum momento, o papel do líder e, assim, inspirar a equipe como um todo.

Mas nem tudo foram flores no seu caminho. Logo após a vitória na Liga Mundial de 2007, o técnico decidiu cortar o grande destaque da competição, Ricardinho, considerado um dos melhores levantadores do mundo, às vésperas da estreia do Pan-Americano. Motivo: "falta de atitude condizente com o nosso projeto como equipe", revelou o treinador. Ou seja, Bernardinho não hesitou em sacrificar uma das estrelas em nome da manutenção do espírito de equipe.

Alguns técnicos em várias modalidades esportivas também gostam de deixar claro que preferem atletas menos talentosos, porém disciplinados e comprometidos, ao brilho espasmódico e descompromissado de outros mais estrelados. O remo é uma dessas modalidades as quais a sincronização entre os atletas que remam de costas para a reta de chegada evidencia a importância do coletivo sobre o individual.

O mesmo raciocínio se aplica em algumas situações empresariais. O "medalhão" às vezes prejudica a formação e o desempenho de uma equipe.

Ao longo da minha trajetória, tenho observado algumas iniciativas dos líderes que fazem com que grupos de pessoas — seja no trabalho, na família, na escola, no clube — se transformem em equipes, em "arquipélagos de excelência", e trabalhem como verdadeiras sinfonias de competências.

A primeira diz respeito à **escolha dos membros da equipe**. Muitos líderes negligenciam o processo de recrutamento e seleção e depois passam o resto do tempo gerenciando problemas em vez de lidar com oportunidades.

Os líderes precisam investir muito mais na hora de definir os membros da sua equipe. Nas empresas, precisam resistir à tentação de selecionar pessoas com base no currículo, que apenas registra dados do passado, e pouco diz sobre o futuro. Precisam fundamentar suas escolhas mais nas atitudes e menos na competência técnica e em formalidades educacionais. Precisam deixar também de preferir pessoas "feitas à sua imagem e semelhança", ou seja, quem pensa, age e tem competências semelhantes. As melhores equipes que conheço são formadas por pessoas com habilidades complementares. Mesmice não rima com competitividade. Diversidade, sim!

Existem, porém, algumas situações em que não podemos escolher os membros da nossa turma: filhos não podem escolher o pai, nem a mãe. E estes não podem escolher os filhos, mas, mesmo sem o poder de escolha, resta a possibilidade de educá-los. E só por meio de escolhas conscientes ou de educação consistente podemos dar o primeiro passo para construir equipes integradas, de alta performance e felizes.

Já tratamos na carta anterior da necessidade de definir uma causa que emocione as pessoas e as comprometa com o **propósito comum**. Recorda-se daquela ideia de que a causa cria um sentido de comunidade? Os desafios precisam estar claros para que os membros de uma equipe possam ter o foco necessário e evitar os desperdícios da energia humana.

Você já deve ter ouvido a expressão "Estamos todos no mesmo barco", ou já deve ter testemunhado líderes exigindo que as pessoas "vistam a camisa" da instituição. Não se pode pedir isso se o rumo, o propósito comum, não estiver claro para todos.

Mas ter uma causa não basta: assegure-se de que esse propósito comum da sua equipe seja coerente com a estratégia e com os resultados desejados pela empresa. Saliento isso porque já vi muitas equipes tendo sucesso no seu âmbito de atuação, mas, de certa forma, obtendo resultados incoerentes com o todo. Exemplo: a turma do departamento de marketing de determinada empresa definiu como objetivo aumentar a base de clientes da empresa. O número de clientes foi multiplicado, mas a rentabilidade da empresa caiu. No afã de atrair clientes, trouxeram alguns inadimplentes e outros problemáticos, cujo custo de transação era muito alto. Ficou claro por que os objetivos de um grupo precisam ser coerentes com os objetivos mais amplos do conjunto? Caso os objetivos não estejam alinhados, você corre o risco de criar uma equipe de alta performance sob a ótica de uma área, mas que pode ser considerada de baixa performance para o todo.

Uma vez (i) escolhidos cuidadosamente os componentes de uma equipe, assegurando-se que seja diversificada e com competências complementares, e (ii) definido o propósito comum coerente com o todo, o líder precisa cuidar do (iii) **clima interno**. Para ser propício à integração e ao comprometimento coletivo, o líder deve empenhar-se em zelar por uma atmosfera informal e confortável, conducente à inovação e à criatividade, em que exista tolerância à ambiguidade, as divergências sejam bem-vindas e alguns erros sejam permitidos.

A cultura que, infelizmente, prevalece em nossa sociedade tem sido um dos principais obstáculos à criação de equipes integradas de alta performance. O ambiente de respeito, o direito a expressar-se, a liberdade para criar e a confiança de poder correr riscos em busca de soluções são a matéria-prima fundamental para o líder ser aceito e criar uma equipe engajada, comprometida, integrada, vencedora e feliz.

Um dos principais sinais de maturidade de uma equipe é quando as decisões são implementadas mesmo sem consenso. Infelizmente, isso é mais exceção do que regra.

Já presenciei várias situações em que um grupo de oito a dez pessoas se reúne para decidir algo. Após exaustivas discussões, o consenso não é atingido e alguns participantes são contrários à decisão tomada. O problema maior começa quando os insatisfeitos, em vez de apoiarem a decisão que prevaleceu, preferem cruzar os braços, torcer contra ou, em alguns casos, até boicotar a implementação da decisão. Entra então em cena a famosa "rádio peão", transmitida dos corredores da empresa, que agora assume os ares modernos na forma dos blogs de fofoca em que se convertem algumas "redes sociais" da Internet. Cabe ao líder zelar sempre para que haja compromisso de todos, mesmo quando as decisões não são consensuais.

Gostaria também de sugerir o que ouço de vários líderes bem-sucedidos quando lhes pergunto qual o segredo do seu sucesso como líder. Em resumo, respondem que reside em três hábitos: (1) definir desafios que são ligeiramente superiores à capacidade que os membros da equipe acreditam possuir; (2) promover o reconhecimento por contribuições de cada pessoa, afinal essa é a maior moeda de troca para a motivação do trabalho em equipe; e (3) celebrar sempre, mesmo as pequenas vitórias. Convém, ainda, ficar atento a algumas características que prejudicam bastante o nível de integração entre as pessoas ou entre equipes. São hábitos que o líder deve combater:

- arrogância de achar que já possui todos os conhecimentos necessários;
- críticas com o intuito de inviabilizar mudanças;
- esquivar-se de responsabilidades, transferindo-as aos outros;
- resistências às mudanças, dificuldades em fazer as coisas de forma diferente;
- individualismo;
- competição destrutiva; e,
- clima de intrigas.

Para concluir, gostaria de frisar que uma das maiores causas de insatisfação, desmotivação, desgastes e custo invisível que corroem a trajetória de uma instituição pode ser encontrada na falta de integração entre os membros de uma equipe — ou entre as diferentes áreas de uma organização. Integrar não só as pessoas e equipes, mas também suas ideias, de forma a mobilizar todos a superarem, com felicidade e comprometimento, os objetivos propostos, e a se reinventarem em busca de um novo patamar, é um dos desafios mais instigantes e recorrentes enfrentados pelo líder.

A inteligência integradora é o diferencial decisivo dos líderes inspiradores. Integre sempre!

PONTOS PARA REFLEXÃO

1. Enumere de 1 a 5 o grau de sinergia que você percebe:
    ( ) na sua família
    ( ) no seu trabalho
    ( ) no condomínio/rua/bairro onde mora
    ( ) na escola em que você ou seus filhos estudam
    ( ) no clube que frequenta

2. Quais são as principais iniciativas que você pode tomar para aumentar o grau de integração em um desses grupos do qual você faz parte?

3. Que líder você conhece deveria ser apontado como o "campeão da integração"?

6. REVELE O BRILHO DOS TALENTOS COM OS QUAIS CONVIVE

De: cesarsouza@empreenda.net
Para: você@jovemlider.com.br
Assunto: REVELE O BRILHO DOS TALENTOS COM
OS QUAIS CONVIVE

"Eu apenas tirei da pedra de mármore tudo o que não era o Davi!" Essa foi a resposta dada por Michelangelo Buonarroti à comissão de notáveis formada por Leonardo da Vinci, Sandro Botticelli, Filippino Lippi e Pietro Perugino, dentre outros. Deslumbrados com a imponente escultura do Davi de 4,27 metros de altura, eles perguntaram, intrigados, como o artista conseguira esculpir aquela beleza no enorme bloco de mármore inerte, que outrora havia derrotado famosos escultores como o mestre Duccio.

O papel do líder é remover as pedras, os obstáculos, para que os talentos adormecidos sejam descobertos, visualizados e ganhem vida própria. O maior legado que um líder pode deixar são pessoas que imortalizam sua obra. São os talentos que identifica, revela, prepara. Os líderes de sucesso valorizam a estrela que existe nos outros.

Faço esta reflexão aqui de Florença, na região da Toscana, na Itália, sentado em um café bem defronte à Academia de Belas-Artes, onde o Davi original está exposto. É a terceira vez que renovo a emoção despertada pela beleza e por seu significado. Não é por acaso que se trata da escultura mais visitada do mundo.

Estou muito feliz, pois finalmente consegui tirar duas semanas de férias com minha mulher nesta maravilhosa cidade, o berço do Renascimento na virada do século XVI. Temos aproveitado bastante. Florença é um dos ventres férteis do nosso planeta, uma dessas "esquinas do mundo", fonte de cultura e geradora do conhecimento que tirou a arte e a poesia do universo sacro, redescobriu a natureza e fez do Ser Humano o seu tema central. Durante quase um século, a cidade serviu de cenário para vários acontecimentos auspiciosos, quando o conhecido cedeu lugar ao novo.

Outro momento de grande emoção foi quando consegui ver a lente original, já bastante gasta pelo tempo, com a qual Galileu Galilei, em 1610, construiu o telescópio que o fez enxergar muito além do que os outros vislumbravam a olho nu. Sua intuição e engenhosidade levaram-no a mudar a forma de pensar sobre o planeta. E, a partir dessas observações, Galileu elaborou sua tese revolucionária sobre o "sistema solar", inspirada nos trabalhos de Nicolau Copérnico. A ironia é que o cientista morreu cego, depois de renegar sua teoria para escapar da fogueira da Inquisição.

Ao propor que o Sol, e não a Terra, estava no centro do Universo, Galileu questionou um dos principais dogmas defendidos pela Igreja. Essa heresia lhe custou caro. Em 1614, o padre Tomaso Caricini o acusou de traição em um virulento discurso proferido do púlpito da Igreja de Santa Maria Novella. Fiquei deprimido ao visitar esse local. E me recusei a subir nesse "palanque".

Embora os renascentistas mais conhecidos sejam Leonardo Da Vinci e Michelangelo Buonarroti, autores de inúmeras obras que nos encantam até hoje, os sinais de revitalização das artes que culminaram no Renascimento começaram a se manifestar bem antes deles. Uma importante semente da mudança foi plantada pelas mãos de Giotto di Bondone, que desenvolveu em sua pintura um sentido de volume inovador se comparado ao universo bidimensional da arte medieval. Cimabue também foi um precursor do Renascimento. O pintor Sandro Botticelli foi outro pioneiro. Suas obras revolucionárias, *A Primavera* (1482) e *O Nascimento de Vênus* (1485), marcaram o rompimento com a arte sacra. Donatello, por sua vez, resgatou a escultura, e suas imagens anteciparam as linhas seguidas por Michelangelo no seu colossal *Davi*.

É na história do *Davi* de Michelangelo que quero me deter um pouco mais, porque simboliza uma grande lição sobre liderança para todos nós: **o verdadeiro líder forma outros líderes, e não apenas seguidores**. Só é possível deixar esse legado se o líder for capaz de perceber e revelar o brilho, às vezes aprisionado, das pessoas com as quais convive. Foi exatamente o que fez Michelangelo há mais de 500 anos.

Na primavera de 1501, o artista voltou a Florença, após ter-se refugiado em Roma, fugindo da inflamada pregação mística do monge Savonarola. Tomado de fervor religioso, o monge fazia com que livros e quadros fossem queimados. Nesse mesmo ano, começou a trabalhar naquela que seria sua obra-prima a partir de um gigantesco bloco de mármore importado de Carrara que havia 40 anos jazia abandonado na catedral da cidade. Tinha sido entregue a outros escultores que nunca conseguiram talhar algo significativo e acabaram desistindo da tarefa. O bloco de mármore os vencera.

Após 15 meses de trabalho árduo, Michelangelo apresentou o gigantesco *Davi*, considerada até hoje uma das esculturas mais bonitas e perfeitas da história da humanidade. A obra-prima foi esculpida sem os recursos tecnológicos atualmente disponíveis que poderiam tornar o trabalho mais factível. Nada poderia simbolizar melhor a ascensão de Florença, uma pequena cidade que se notabilizava pela cultura, pelo conhecimento, e pelas artes, o que na época consistia em aparente desvantagem competitiva. Porém, por meio desses talentos, Florença sobrepujou cidades bem maiores, como Veneza, Milano e Siena, que contavam com armadas, exércitos e vantagens mais tradicionais — assim como, analogamente, Davi venceu Golias.

Desde a primeira vez em que visitei a escultura, em 2003, pergunto aos participantes dos programas de desenvolvimento de líderes que conduzo: "Quantos "Davis" vocês têm revelado nos últimos anos?". Sempre "ouço" um silêncio ensurdecedor. Quem são os potenciais Davis na sua casa, no seu ambiente de trabalho, no prédio onde moram, na comunidade onde vivem? Infelizmente, os líderes, em sua maioria, estão mais preocupados em formar seguidores que em formar outros líderes. Mais focados em moldar bonecos de barro ou soldados de chumbo do que em esculpir Davis no mármore.

Quando assisti ao filme *Os Filhos de Francisco*, que conta a saga da família da dupla sertaneja Zezé di Camargo e Luciano (cujo nome verdadeiro, por enorme coincidência, é Welson David), fiquei impressionado com a fibra do "seu" Francisco e da sua mulher, Helena, ambos determinados a criar oportunidades diferenciadas para seus filhos.

Ainda é inesquecível para mim aquela cena em que o pai tenta ensinar os garotos, no quintal da casa onde viviam, no interior goiano, a falar em público e a cantar. Seu microfone imaginário era a enxada, o palco era a terra batida com uma árvore fazendo sombra, a plateia era composta por galinhas, cachorros e outros animais. "Respeitável público...!", ensaiava Francisco ao tentar esculpir seus Davis.

Podemos imaginar que o pai dos meninos teve o seu momento Michelangelo naqueles instantes geniais, procurando remover os obstáculos, as pedras do caminho, para que os filhos pudessem inventar um novo destino. Ele estava formando líderes para terem brilho próprio e encontrarem os próprios passos, em vez de apenas moldar paus-mandados, filhos obedientes que seguissem os passos do pai.

A capacidade de formar outros líderes, e não apenas seguidores, está na ordem do dia quando se pensa em sucessão, pois a carência de líderes em vários níveis é um dos pontos mais críticos nas empresas, famílias, escolas, clubes, associações e comunidades. Infelizmente, porém, muitos educadores se limitam a preparar seguidores. Ensinam as crianças a serem obedientes e os alunos a serem certinhos. Exigem que saibam "de cor e salteado" as lições e deem sempre as respostas esperadas. Caminhos diferentes são desestimulados. Vigora a norma do "não pode", "não faça", "não dá". Muitas vezes, ainda prevalece o velho ditado: "Quando um burro fala, os outros abaixam as orelhas".

Atenção: não estou defendendo o extremo oposto, que cada um faça o que quer. De forma alguma! Afinal, a permissividade e a falta de limites também não ensina ninguém a ser líder. Uma pessoa não aprende a assumir responsabilidades e arcar com as consequências dos seus atos se for educada em um clima de "faça o que quiser" ou "você é quem sabe...".

É preciso soltar as amarras, sim, mas dentro dos parâmetros da ética e da responsabilidade que a levam a prever o impacto que suas atitudes e ações podem ter sobre as outras pessoas. Partindo do princípio de que o questionamento é uma das alavancas do crescimento, se o propósito é formar líderes, pais, professores e orientadores devem estimular as crianças, os adolescentes e os jovens, seus filhos, alunos, enfim, e liderá-los a questionar, a fazer certas perguntas em vez de apenas dar as respostas certas, a formular questões que os levem ao aprendizado, que os ensinem a aprender a pensar, e não apenas a executar. Ou melhor, que os levem a **aprender a aprender.**

Se você ainda não assistiu ao filme *Sociedade dos poetas mortos,* lançado em 1989, aproveite essa excelente oportunidade para ver como ensinar liderados a questionar. No filme, que consagrou a expressão latina *Carpe Diem,* que significa "aproveite o dia", o professor de literatura John Keating, interpretado com maestria por Robin Williams, ensina a seus alunos que é preciso viver com intensidade cada dia que lhe é dado, cada momento que lhe é concedido, para dar valor à sua existência.

A história se passa em 1959, na Walden Academy, uma tradicional escola americana preparatória para a universidade e exclusiva para rapazes. O recém-chegado professor não está preocupado apenas em ensinar o conteúdo curricular. Seu propósito é incentivar os estudantes a pensar por si mesmos, a questionar as "verdades absolutas" de forma construtiva. Cheio de atitudes inesperadas, o professor pede aos alunos que arranquem dos livros as páginas contendo trechos inúteis ou prepotentes, a fim de lhes mostrar que não devem ficar presos aos padrões vigentes. Isso não implica deixar a disciplina de lado. Trata-se de um patamar diferente de disciplina — aquela que exercita a olhar o mundo de um novo ângulo.

As técnicas de ensino pouco ortodoxas de Keating entram em choque com a direção da escola, que tenta enquadrá-lo. Nos estudantes, o efeito é outro. Ao conhecerem as obras de expoentes da literatura romântica e rebelde, como o dramaturgo William Shakespeare e o poeta Walt Whitman, os jovens renovam suas existências, descobrem suas vocações, encontram novos interesses.

Ao contrário de muitos professores, Keating formava futuros líderes, e não apenas seguidores. Incentivando o grupo a não seguir fielmente receitas prontas, o mestre criou condições para o desenvolvimento de pessoas capazes de exercer a liderança quando necessário. Os professores que são formadores de líderes estimulam os alunos a aprender a descobrir e a inovar continuamente.

Acrescento que os dois grandes nomes do Renascimento tiveram mentores que os ajudaram a descobrir o artista dentro de cada um. Michelangelo, aos 13 anos, venceu a obstinação do pai e ingressou como aprendiz no estúdio de Domenico Ghirlandaio, então considerado mestre da pintura de Florença. Da Vinci, ainda garoto, fez um estágio na oficina do mestre Verrochio, fato narrado no livro de memórias de Giorgio Vasari. Conta ele que, na pintura *O Batismo de Cristo*, Verrochio contou com a ajuda do jovem Leonardo, encarregado de fazer um anjo no quadro: "Pintou-o tão bem e de tal forma que o seu anjo era de longe muito melhor que as figuras pintadas pelo mestre". Verrochio percebia o potencial dos seus aprendizes e oferecia condições para que o talento deles fosse revelado. Ganhamos, nós, que podemos nos beneficiar da transformação do aprendiz Leonardo no gênio Da Vinci!

Também tenho encontrado no mundo empresarial líderes conscientes de que o sucesso dos seus negócios é diretamente proporcional à sua capacidade de dispor de líderes competentes em todos os níveis. Por isso eles se empenham em montar "fábricas de líderes" em suas empresas.

O líder que não valoriza sua equipe nem consegue reconhecer e desenvolver o brilho que há nos outros condenará sua empresa à categoria de espécie em extinção.

Finalizo voltando aos filhos de Francisco: ainda garoto, Luciano, o irmão mais moço que faria dupla com o Zezé di Camargo, revelou ao pai que não sabia ainda o que fazer na vida, mas gostaria de brilhar tanto quanto Zezé, que já fazia sucesso com a música "É o Amor". À noite, seu pai trouxe-lhe uma caixa de engraxate e disse a ele que já sabia por onde ele deveria começar.

"Mas como, engraxate?!", perguntou-lhe Luciano (na época ainda conhecido apenas como Welson). "Sim", respondeu "seu" Francisco, "pois a melhor forma de brilhar é fazendo brilhar os passos dos outros..."

PONTOS PARA REFLEXÃO

1. Quais são as pessoas cujos talentos você precisa ajudar a revelar e a valorizar:

    - na sua família

    _____

    - no trabalho

    _____

    - no condomínio/rua/bairro onde mora

    _____

    - na escola em que você ou seus filhos estudam

    _____

    - no clube que frequenta

    _____

2. Quais as principais ações que você pode iniciar para identificar melhor os Davis ocultos nas pedras de mármore à sua frente?

3. Que líder você conhece que mais valoriza as pessoas e revela talentos?

7. CONSTRUA *PONTES* EM VEZ DE *PAREDES*

De: cesarsouza@empreenda.net
Para: você@jovemlider.com.br
Assunto: CONSTRUA *PONTES* EM VEZ DE *PAREDES*

Ainda me surpreendo quando ouço alguém afirmar, considerando apenas a sua área de atuação, a conhecida expressão "Já fiz a minha parte!".

Nos meus tempos de executivo, quando estava recrutando alguém para determinada vaga e o candidato falava isso, as chances de contratá-lo reduziam-se drasticamente. Porém, sempre tive o cuidado de agir com transparência. Abria o jogo e explicava à pessoa, ou pelo menos demonstrava, que, para se transformar em gestor, para exercer a liderança, um profissional precisa cuidar do todo, e não apenas fazer a "sua parte". Precisa atuar onde pode fazer a diferença.

Os líderes competentes exercem a "liderança 360 graus": para fora, para cima, para os lados, enfim, para onde for necessário. Esses líderes criam redes e constroem "pontes" em vez de "paredes", que no passado separaram a empresa dos seus clientes e a isolaram da sociedade. Pontes com os clientes, fornecedores, parceiros, a comunidade, enfim, com todos os atores que integram o ecossistema de seu negócio.

Infelizmente, uma verdadeira "miopia da liderança" leva a acreditar que o papel do líder se restringe a comandar sua equipe dentro das paredes da empresa onde trabalha. Não há nada mais limitado do que essa visão, contida na maioria dos livros sobre liderança e programas de desenvolvimento que educam líderes para gerir apenas seus subordinados hierárquicos. Aprende-se a focar para "dentro" e para "baixo", como se o capital intelectual de uma organização se resumisse ao quadro de funcionários. Os líderes acabam, assim, adquirindo uma visão mais limitada do que a realidade exige. Perdem a oportunidade de atuar como líderes mais plenos.

A nova realidade é bem mais complexa do que essa visão limitada faz supor. A capacidade de liderar 360 graus está na ordem do dia. O verdadeiro líder consegue mobilizar e articular não só seus pares ou pessoas com as quais estabelece relações horizontais, mas também representantes de diferentes níveis hierárquicos. A filha caçula influencia o pai; o jogador influencia o treinador do time; a enfermeira alerta o médico.

O líder com "L" maiúsculo obtém sinergia no todo de uma organização. Não lidera apenas sua equipe, mas consegue liderar também para "cima". Isso significa influenciar seu chefe, os diretores, o presidente, os acionistas, enfim, todos aqueles que ocupam posição "superior" na escala de poder. Essa atitude requer coragem, ousadia, criatividade, além de iniciativa para levar propostas de decisões a esses escalões, em vez de ficar esperando ordens a cumprir.

No entanto, não basta agir internamente. Cada vez mais é preciso exercer a liderança perante clientes, parceiros e comunidades. Às vezes, é necessário liderar membros de outra organização maior que a sua em um consórcio ou em uma fusão entre empresas. Em alguns casos, o desafio é liderar pessoas de culturas diferentes quando a empresa se expande pelo exterior.

Essa necessidade também se manifesta em situações mais corriqueiras. Às vezes você precisa intervir em operações de seus fornecedores para garantir o padrão de qualidade e o custo requeridos e aumentar a competitividade de seu negócio. Ou liderar canais de distribuição e pontos de venda dos produtos e serviços, estimulando-os a serem mais coerentes com os valores de sua empresa. Ou mesmo se articular com líderes comunitários para que sua organização exerça uma eficaz cidadania corporativa.

Precisamos entender, de uma vez por todas, que os resultados das empresas residem mais no "lado de fora" do que no "lado de dentro". A competitividade também se encontra na conectividade com clientes, distribuidores, fornecedores, parceiros, formadores de opinião, investidores, legisladores, comunidade – todos os agentes da rede de criação de valor da empresa.

A tradicional visão ensimesmada da liderança acaba trazendo consequências negativas para a cultura de uma empresa e para seus resultados. Em vez de montar a estrutura organizacional de fora para dentro, ou seja, a partir das peculiaridades dos clientes visados pela empresa, até hoje, a maioria define a estrutura que lhe é mais conveniente e espera que o cliente se adapte à sua forma de organização. Posso afirmar que ao cliente não interessa como a empresa está estruturada. O que ele espera é ter suas necessidades atendidas.

Nem todo líder tem a preocupação de se voltar para fora de suas "paredes". Há os que se deslumbram com o poder e se fecham no próprio mundo, deixando de perceber o que se passa ao redor. Não é raro que essa postura de enterrar a cabeça na areia e deixar o resto do corpo exposto leve ao fracasso. Contudo, algumas estrelas em ascensão no mundo empresarial já começam a demonstrar consciência da importância de liderar 360 graus.

Convém acrescentar que liderar 360 graus não deve ser uma postura exclusiva de quem ocupa cargos. Qualquer um que exerça a liderança nos mais variados campos de atuação deve ter a máxima atenção para não ficar voltado para si mesmo. Ao contrário, é preciso estar sempre ligado nas oportunidades de liderar que vão surgindo no dia a dia.

O médico pode assumir posturas em defesa de certos hábitos mais saudáveis em determinada comunidade, em vez de apenas atender clientes isolados em sua clínica. O professor pode liderar além da sala de aula do colégio e influenciar políticas educacionais no seu município. E todos, inclusive você, que está lendo esta carta, podem perceber as dificuldades enfrentadas pela sua vizinhança, condomínio ou comunidade, exercendo a liderança nesse campo.

Agora eu pergunto: você está atento ao que se passa fora das paredes de sua organização? Sai do escritório? Convive com os pontos de venda que atendem os consumidores de seus produtos e serviços? Visita seus clientes? Influencia seus canais de distribuição? Conhece as necessidades da comunidade em que sua empresa opera?

Espero que você esteja atento às inúmeras possibilidades de exercício da liderança e não se deixe engessar pela visão arcaica do líder 90 graus. Inspire-se na antiga metáfora que permanece válida: pense mais na floresta do que na sua árvore. Construa pontes, em vez de paredes!

PONTOS PARA REFLEXÃO

1. Você se considera um "construtor de pontes" ou um "construtor de paredes"? Consegue se lembrar de momentos em que assumiu uma postura ou a outra?

2. Liste três situações em que você pode, desde já, cuidar do todo, e não só da "sua parte".

3. Que líder você conhece que mais pratica a liderança 360 graus?

8. FAÇA ACONTECER: A ARTE DO "FAZEJAMENTO"

De: cesarsouza@empreenda.net
Para: você@jovemlider.com.br
Assunto: FAÇA ACONTECER: A ARTE
DO "FAZEJAMENTO"

Gostaria que me falasse um pouco mais sobre você. Não obtive resposta nem comentários sobre os últimos e-mails que enviei. Imagino que esteja sobrecarregado ou, quem sabe, refletindo sobre as provocações que tenho feito.

Espero que você seja mais que apenas um leitor tradicional e passivo; que interaja, questione, discorde, proponha, decida, aja! Os líderes eficazes se posicionam, fazem acontecer, não apenas absorvem, mas produzem algo com o que assimilam.

Por isso, desta vez, apresento, logo de cara, uma nova série de perguntas inconvenientes na expectativa de que alimentem ainda mais seus questionamentos:

- Você faz parte do bloco dos que apenas planejam ou você é daqueles que fazem acontecer?
- No prédio onde mora, o que você tem feito para melhorar a qualidade de sua vida e a dos vizinhos?
- Como é o seu desempenho profissional? Você faz apenas o esperado pelo seu chefe e o que consta na sua descrição de cargo ou vai além de bater as metas estabelecidas? Você está jogando no time dos acomodados e queixosos ou no time dos perseverantes — aqueles que buscam sempre mudar as circunstâncias para fazer as coisas acontecerem?
- Se é aluno, você estuda apenas o suficiente para passar de ano ou surpreende seus colegas, professores e pais sempre dando o melhor de si nos seus trabalhos escolares?
- Se você já é pai ou mãe, está cobrando de seus filhos apenas o tangível (notas escolares, higiene, pontualidade etc.) ou os surpreende pedindo o qualitativo, o diferente, algo mais

que o combinado? Qual foi a última vez em que você abraçou um novo desafio?

Desculpe-me por levantar tantas questões, mas aprendi com o maior guru de todos os tempos da área de administração, Peter Drucker, que "líder é tão somente aquele que atinge resultados". Nunca tive a coragem de propor ao respeitado mestre uma pequena alteração, mas que faz toda a diferença: líder é aquele que *supera* resultados, não apenas os *atinge*.

Afinal de contas, os verdadeiros líderes empreendedores são os que conseguem resultados que ultrapassam as expectativas. Não cumprem apenas as metas, mas dão passos adiante, indo além do que anunciaram alcançar. Fazem mais do que o combinado e sabem criar suas oportunidades. Não ficam de braços cruzados esperando acontecer. Estimulam o senso de urgência e não deixam as coisas para amanhã. Surpreendem pela capacidade de transformar sonhos em realidade.

A característica de surpreender pelos resultados é fundamental nestes tempos em que se privilegia, às vezes de forma exagerada e errônea, a concepção da estratégia em detrimento da sua execução.

Definir a estratégia é, sem dúvida, uma das importantes tarefas do líder. Espera-se que ele tenha visão de futuro, indique o rumo e estabeleça metas e objetivos a serem atingidos pela equipe. Já falei disso quando enfatizei a necessidade de construir uma causa em conjunto com a equipe. Porém, seu papel não termina aí. Executar a estratégia tornou-se tão ou mais importante do que simplesmente concebê-la. Países e comunidades muitas vezes esperam a concretização de promessas políticas e de planos que nunca saem do papel.

O fato é que nem todos sabem como obter os resultados desejados. Conheço líderes brilhantes que se satisfazem com a ideia genial, com "o que" precisa ser feito, mas são infelizes na escolha do "como" da equação, pois perdem-se na hora da ação. Não são capazes sequer de despertar em si mesmos a determinação e a perseverança fundamentais para cumprir as etapas que seriam necessárias. Como poderiam, então, conseguir isso dos outros? Esses líderes não sabem mobilizar parceiros em torno da sua causa.

Fazer acontecer, em vez de apenas planejar, é o mantra dos líderes competentes. "Fazejamento" proporcional ao planejamento é o que produz a diferença. O **líder inspirador** vai muito além de conceber uma estratégia baseada na causa que defende, pois ele executa a estratégia e faz mais do que o combinado. Personagens que exerceram a liderança em momentos decisivos da história foram grandes líderes pelo que realizaram, e não apenas por sua visão privilegiada. Afinal, notabilizaram-se pelos resultados que alcançaram, e não apenas pela visão que tiveram.

Gostaria de dar dois importantes alertas, que podem ser úteis no momento de perseguir e superar os resultados. Primeiro, seria fundamental equilibrar esses resultados e metas. Não vale a pena ter sucesso apenas no campo empresarial em detrimento da vida pessoal. Por exemplo, grandes vitórias profissionais com fracasso na saúde e na qualidade de vida e infelicidade familiar não podem ser consideradas um bom resultado para a vida de uma pessoa. Da mesma forma, sucesso financeiro acompanhado da insatisfação de clientes, infidelidade de fornecedores e infelicidade dos colaboradores não deve ser considerado saudável. Dessa forma, o "fazer acontecer" envolve várias dimensões da vida pessoal e organizacional.

O segundo alerta é que a liderança visando a resultados, longe de ser estanque, é móvel. Não quero dizer com isso que o líder eficaz pula de uma ideia para outra buscando cavar novas oportunidades antes de definir o que parece ser uma estratégia vencedora − de modo algum. O que não deve faltar ao líder competente é foco. Só que, às vezes, as circunstâncias mudam e é preciso adaptar a estratégia à nova realidade. O líder competente sabe colher bons resultados mesmo ao ser surpreendido por situações adversas. As adversidades, aliás, podem despertar nele uma força até então desconhecida.

Finalmente, seria até desnecessário frisar, mas não quero pecar pela omissão: ninguém realiza um sonho sozinho, da mesma forma que ninguém exerce a liderança isoladamente. As parcerias são fundamentais nessa empreitada. Todo grande realizador precisa de pessoas para construir, ao seu lado, os resultados desejados.

É justamente aí que reside outra característica importante dos líderes inspiradores, aqueles que conseguem obter resultados incomuns de pessoas comuns, estimulando-as a fazer mais do que o combinado e a quase sempre superar o esperado. Em vez de apenas dar ordens e cobrar tarefas, esses líderes inspiradores incentivam cada um a fazer o seu melhor, porque dão o melhor de si.

Além de oferecer oportunidades, esse tipo de líder sabe avaliar o desempenho de sua equipe e detectar os improdutivos. Ele ou ela não acumula pendências, nem vive cercado de pessoas acomodadas ou pessimistas. Prioriza aquilo de que a equipe realmente precisa, e não apenas o que desejam seus integrantes. Consegue o grau de compromisso e disciplina necessários para realizar sonhos traçados em conjunto, não apenas satisfações imediatistas. Se necessário, sabe afastar os acomodados, aproveitadores e improdutivos. Ou afasta-se deles.

O líder inspirador tem habilidade para conciliar as pressões da sobrevivência de curto prazo com as necessidades de longo prazo; o hoje com o amanhã. Garante o presente enquanto cria o futuro.

Mas atenção: fazer acontecer e surpreender pelos resultados não quer dizer que *qualquer* ação é válida para se chegar ao objetivo. Não só os resultados devem ser valorizados, mas também a forma como são obtidos. Não se pode descartar a ética. Permita-me discordar veementemente da afirmação atribuída ao escritor italiano Nicolau Maquiavel na obra *O Príncipe*. Para mim, os fins **não** justificam os meios! A integridade é um dos maiores ativos de que o líder precisa dispor para ter legitimidade. Não abra mão dela!

Observação: como iniciei este e-mail com várias perguntas, vou poupá-lo dos "Pontos para Reflexão" com que tenho concluído cada um dos anteriores. Porém, se julgar oportuno, sinta-se à vontade para retornar ao início desta mensagem, a fim de avaliar quais das indagações traduzem melhor seus desafios atuais e pensar em meios de equacioná-los de forma que aumente sua eficácia como líder.

9. SEJA O EXEMPLO

De: cesarsouza@empreenda.net
Para: você@jovemlider.com.br
Assunto: SEJA O EXEMPLO

"Infelizmente, há pessoas que assumem a maior grandeza para praticar as maiores baixezas", sentenciou o ministro Ayres Brito, juiz do Supremo Tribunal Federal, ao justificar seu voto pela permanência na prisão daquele governador do Distrito Federal, que saiu do palácio diretamente para a cela da Polícia Federal.

Ouvi essa afirmação agora há pouco, aqui em Brasília, onde estou fazendo uma conexão para Goiânia, onde, amanhã cedo, realizarei um trabalho para uma empresa. Foi uma enorme coincidência estar nesse local neste exato momento. Não resisto à tentação de escrever para você sobre como se inspirar pelos valores exatamente da cidade que tem sido o palco de horrores éticos praticados em quase todas as esferas da vida pública e privada. Lamento que, no ano em que a capital federal completou seu meio centenário de fundação, a festa tenha sido estragada pelo gosto amargo das baixezas denunciadas pelo ministro do STF. Brasília tem servido de escola para ensinar o que o líder NÃO deve fazer, pois uma das competências que melhor distinguirão um líder eficaz de um gerente eficiente será sua capacidade de dar o exemplo e inspirar pessoas pelos valores, e não apenas pela hierarquia ou por seu eventual carisma. Dar o exemplo funciona como uma espécie de "enzima" que aglutina as outras forças do líder, a que dá sentido a tudo.

Já salientei que as empresas precisam de líderes com conteúdo — mas um conteúdo diferente, e não apenas uma bagagem de conhecimentos sobre o negócio, o mercado e a tecnologia da empresa. Trata-se de um conteúdo intangível, que se traduz em valores capazes de alinhar um grupo de pessoas em torno da causa que os apaixone.

Quase todo dia ouvimos falar da importância de adquirir novas competências para aumentar nossa empregabilidade. Contudo, poucos profissionais conseguem fugir do lugar-comum do binômio "conhecimentos técnicos/habilidades interpessoais" na hora de aprimorar suas qualificações. Investimos muito tempo e dinheiro no aprendizado de sofisticadas tecnologias que se tornam obsoletas a uma velocidade inimaginável. Aprende-se um arsenal de truques de relacionamento que nem sempre são aplicáveis no cotidiano empresarial e que servem, no máximo, para aumentar a eficiência dos participantes em momentos pontuais.

O **líder inspirador** constrói um código de conduta junto com os membros de sua equipe em torno de valores que são explicitados, disseminados e praticados. Ao inspirar pelos valores, cultiva uma cultura aceita e compromissada. A cultura da empresa é a forma pela qual as decisões são tomadas, como a comunicação interna se dá, os conflitos são tratados, a criatividade é ou não estimulada. Trata-se do ativo intangível que não aparece nos balanços. Pode ser, também, o passivo, dependendo de como seus membros se comportam. Numa família, a cultura é o conjunto estabelecido de regras de convivência.

No entanto, é preciso ressaltar que não existe cultura certa ou errada. A certa é aquela coerente com a estratégia da empresa e que produz resultados éticos e autossustentáveis ao longo do tempo.

A cultura correta é a que é ética e alavanca resultados saudáveis e que é explícita, clara, disseminada e praticada em todos os níveis pelos colaboradores e entendida pelos clientes, fornecedores, parceiros e formadores de opinião.

O líder inspirador cria um clima de ética, integridade, confiança, respeito pelo outro, transparência, aprendizado contínuo, inovação, proatividade, paixão, humildade e inteligência emocional. Cultiva no liderado a capacidade de servir clientes, fornecedores, comunidades e parceiros. Coerente, o líder serve de modelo sobretudo por sua conduta. Pratica os valores que defende, e não apenas quando está no exercício do seu papel formal de líder. Assim, ele o faz 24 horas por dia: em casa, no clube, na rua, na fila do cinema, no *check-in* do aeroporto, ao procurar uma vaga para estacionar o carro em um shopping center...

Será que você se sente em condições de inspirar os outros não apenas pelo discurso, mas pelo exemplo? Prepare-se, porque é essa característica que um número crescente de empresas está buscando ao caçar talentos no mercado. Reflita sobre o fato de que o verdadeiro mapa de competências capaz de alavancar a sua empregabilidade não está apenas nas novas tecnologias e conhecimentos que você precisa dominar, mas nos valores, nas atitudes e posturas que você precisa consolidar, adquirir e eliminar.

O comandante do avião iniciou preparativos para aterrissar em Goiânia e preciso desligar meu laptop. Ainda esta semana, escreverei comentando sobre atitudes que merecem ser adquiridas e aquelas que devem ser eliminadas. Ajudar você a preparar o seu "Mapa de Atitudes" será nosso próximo assunto. Mas não fique aí esperando. Comece desde já a inspirar e educar os outros, não apenas pelo discurso, mas pelo exemplo e pelas condutas que pautam sua vida.

PONTOS PARA REFLEXÃO

1. Quais os cinco valores com que você procura inspirar as pessoas com as quais convive?

2. Quais os tipos de competências em que você mais tem apostado para aumentar sua empregabilidade?

3. Cite dois líderes que melhor inspiram pelos valores.

   Brasileiro:

   Estrangeiro:

10. DESENHE O SEU "MAPA DE ATITUDES"

De: cesarsouza@empreenda.net
Para: você@jovemlider.com.br
Assunto: DESENHE O SEU "MAPA DE ATITUDES"

Agradeço o e-mail que me enviou com suas observações, preocupações e questionamentos sobre o importante tema dos valores do líder. Vou me dedicar agora à principal questão que você levanta: como traduzir valores em atitudes no dia a dia. Ou seja, como praticar os valores muitas vezes aceitos, mas que se esgarçam com o tempo e acabam se diluindo nas pressões do cotidiano.

Tomarei a liberdade de ser um pouco mais diretivo e prescritivo ao tratar desse assunto. Começarei abordando algumas *atitudes a adquirir*, caso elas não façam parte do seu repertório comportamental, ou *a consolidar*, se já integrarem seu rol de atitudes:

Perseverança e determinação. Os líderes inspiradores não jogam a toalha nunca; são perseverantes e determinados. Superam os obstáculos, por mais intransponíveis que possam parecer. Os verdadeiros líderes são resilientes, mesmo tendo de lutar contra seus medos para superar momentos difíceis, inesperados e indesejados – doença, morte de um familiar, gravidez precoce, demissão, aposentadoria compulsória, traição de sócio ou decepção causada por algum parente.

Criatividade e inovação. Para vencer desafios, o líder precisa criar em sua casa, na escola ou na empresa um clima que estimule a criatividade e transformar ideias em inovações que sejam úteis e percebidas como geradoras de valor.

Foco e disciplina. Ter foco não significa fazer uma coisa de cada vez, pois no mundo atual essa não é uma atitude vencedora. A realidade requer pessoas multifocadas. Ter foco implica saber definir claramente as prioridades, hierarquizar as ações. Como vivemos em um mundo fragmentado e de múltiplos estímulos, corremos o risco de dispersar nossos objetivos e empreender esforços na direção errada. Para surpreender pelos resultados, é necessário ter muita disciplina e concentração.

Iniciativa e proatividade. O maior inimigo do sucesso é o sucesso. Infelizmente, isso acontece porque ele tende a gerar acomodação tanto nas pessoas quanto nas empresas, em especial nas que lideram o mercado e estão acostumadas a ganhar. O antídoto para a "doença do sucesso" é criar uma cultura de não acomodação, iniciativa, proatividade, insatisfação contínua com os patamares atingidos.

Empreendedorismo e pioneirismo. Engana-se redondamente quem acha que, para ser considerado um empreendedor, seria preciso abrir uma empresa. De modo algum! Empreendedorismo é um estado de espírito. Um médico pode ser empreendedor, assim como uma dona de casa, um professor, um pintor e um estudante. Empreender é a arte de trilhar caminhos ainda não percorridos. Nas empresas, líderes de áreas funcionais como Contabilidade, Logística, Administração e Serviços Gerais também devem ter o espírito empreendedor na hora de atender a outras áreas da empresa que necessitam de seus serviços e constituem o que se convencionou chamar de "clientes internos".

Tangível e intangível. Além das competências tangíveis, um conjunto de competências intangíveis está se tornando fundamental para o sucesso: atitudes, hábitos e crenças, enfim, os valores e o caráter das pessoas. Se pensarmos bem, não adianta contratar técnicos excepcionais, MBAs graduados com louvor, gente com muita cancha no negócio se essa pessoa jogar no time do "eu sozinho" e não souber trabalhar em equipe; se tiver dificuldades em se relacionar e não se comunicar bem; se for pessimista; ou, pior, se cometer deslizes tais como distorcer dados ou fazer "fofoca" no ambiente de trabalho. Assim, a velha máxima que faz referência à "pessoa certa no lugar certo" continua válida na tarefa inicial em uma organização: a de montar sua equipe. Mas escolher a pessoa certa para o lugar certo precisa ser complementado pelo "momento certo". E mais: o líder deve sempre se preocupar não apenas em escolher, mas também em ser, ele ou ela, "a pessoa certa, no lugar certo e no momento certo".

A postura de privilegiar os valores das pessoas é particularmente útil nos momentos iniciais da formação do futuro líder. Assim, é ideal que pais, mães, professores e orientadores valorizem o caráter de seus filhos, alunos e pacientes, sempre considerando as atitudes deles com peso pelo menos semelhante ao que é dado ao desempenho de tarefas, às notas escolares e à competência técnica. Quanto aos liderados, vale a pena seguir uma regra de ouro: prefira líderes que inspiram pelo caráter e pelos valores àqueles que se notabilizam apenas pelo que sabem fazer.

Reconhecimento e celebração. Umas das principais moedas de troca na relação humana é o reconhecimento. O líder inspirador sabe propor desafios superiores à capacidade que as pessoas imaginam possuir. Tenta, assim, motivá-las a se superarem e se desenvolverem. Por isso, demonstra reconhecimento quando as pessoas atingem os resultados desejados. E, mais ainda, celebram com sua equipe até as pequenas vitórias. Apesar de óbvia, a dupla "reconhecimento/celebração" é mais exceção que regra. A maioria dos pais, mães, professores e executivos raramente reconhece o valor e a contribuição dos seus liderados. E mais raramente ainda celebra as conquistas obtidas com árduo trabalho. Celebre sempre! Divirta-se, o mais que puder, de forma responsável!

Humildade e generosidade. A falta de humildade é o grande "calcanhar de Aquiles" dos líderes. Alguns mal iniciam sua escalada de sucesso e já começam a ficar arrogantes. Por falta de maturidade ou de preparo, perdem-se no caminho. A humildade não é uma atitude apenas altruísta; ela se reflete em uma série de hábitos diários, como capacidade de ouvir, respeito pelo outro, solidariedade, generosidade, compaixão, disposição para dar novas oportunidades, defesa do "nós" em detrimento do "eu" e autocrítica de erros cometidos.

Paixão. Apaixone-se pela causa, pelos clientes e pelos futuros líderes que você deve formar. Esse sempre será seu legado mais nobre. Apaixone-se pelos valores que você defende e pela possibilidade de superar os obstáculos. Apaixone-se pelo futuro que você deseja inventar para si e para aqueles com quem convive.

O líder inspirador ainda precisa desenvolver, consolidar ou praticar algumas atitudes adicionais: o **autodesenvolvimento** contínuo, que visa estimular cada um a promover o próprio desenvolvimento pessoal e profissional sem esperar por soluções institucionais; a **flexibilidade**, tanto para lidar com situações distintas em diferentes ambientes, sem lançar mão de um estilo rígido, quanto para administrar pessoas com diferentes níveis de maturidade; a habilidade para **desenvolver parcerias** que complementem as suas forças; e o talento para **"surfar" nas tendências**, quer sejam tecnológicas, ambientais, sociais ou políticas.

Permita-me sugerir agora algumas *atitudes que precisam ser eliminadas* ou pelo menos desenfatizadas:

Imediatismo. A visão de curto prazo sempre prejudica o posicionamento dos líderes que precisam garantir os resultados no presente, mas construir ao mesmo tempo o futuro, que não pode ser destruído pela precipitação imediatista.

Afobação. É importante distinguir a rapidez e velocidade da pressa, da afobação. Os líderes devem focar, resolver, mas precisam decidir e agir assegurando-se de que estão no melhor caminho para as circunstâncias. Muitos líderes, principalmente os mais jovens, têm muita pressa de subir na carreira e às vezes perdem oportunidades pela falta de paciência. Tenha velocidade de resposta e rapidez de percepção e posicionamento, mas evite afobação e pressa descabida.

Individualismo. Esse é um dos grandes venenos da vida organizacional, familiar etc. Já tratamos desse ponto quando abordei a metáfora das "ilhas de competências", lembra?

Negativismo. Muitos só veem as dificuldades e os obstáculos, e até mesmo antes de avaliar a situação e um projeto ou ideia nova já a rejeitam com base no célebre "isso não vai dar certo"...

Comodismo. Muitas vezes, o sucesso leva à acomodação. Os líderes de sucesso têm tolerância zero ao comodismo; sempre estão reinventando suas estratégias, negócios, formas de atuar.

Timidez. Pode atrapalhar quem pretende aproveitar oportunidades de exercer a liderança, principalmente nas situações que exigem iniciativa e capacidade de comunicação.

Medos e fobias. Também são inimigos internos que nos corroem e podem nos afastar de pessoas e de situações que precisamos enfrentar como líderes.

Algumas características adquiridas culturalmente às vezes se transformam em sérios obstáculos para o brilho do líder: a face negativa do "jeitinho", na base do "deixa comigo, na hora tudo dá certo, a gente dá um jeito"; nossa conhecida **autoindulgência**, que muitas vezes nos impede de assumir responsabilidades; a **falta de assertividade** (em vez de dizer claramente o que desejamos, procuramos comunicar nossos desejos de forma indireta); e nossa **tradicional falta de compromisso com o futuro**.

Uma dificuldade que merece profunda reflexão é a grande vilã do líder: **a falta de comunicação**. Esse é um dos problemas mais frequentes que encontro nas empresas para as quais presto consultoria. Pesquisas têm indicado que muitas vezes os funcionários sequer conhecem a empresa em que trabalham. Uma boa comunicação interna é o alicerce de qualquer organização que pretenda ter um bom ambiente de trabalho. O item comunicação continua sendo um dos principais na classificação das melhores empresas para se trabalhar no Brasil e um dos maiores obstáculos para aquelas que não conseguem constar nessa desejada lista.

Um conjunto adicional de habilidades pode ser bastante útil para superar algumas das dificuldades enumeradas e assim exercer melhor o papel de líder.

Dentre elas, destaco a **capacidade de comunicação interpessoal** – verbal, escrita, corporal e emocional –, que o líder precisa desenvolver contínua e incansavelmente; **habilidade de negociação**, que o ajudará a enfrentar situações delicadas, a vender ideias e a obter resultados, se não ideais, pelo menos viáveis; e a **gestão do tempo**, uma competência-chave para que o líder não disperse suas iniciativas e se concentre no que faz diferença.

Convém EVITAR, ainda, certos comportamentos que provocam nos liderados rejeição à liderança no trabalho, em casa, na escola e na comunidade:

Incoerência entre o Dizer e o Fazer. O célebre "faça o que digo, mas não faça o que faço" não é mais aceito como no passado. As pessoas exigem mais coerência e menos discurso teatral. Embora o líder nem sempre se dê conta de que é constantemente observado, como se estivesse em uma vitrine, seus liderados acompanham atentamente o que faz, as prioridades de sua agenda, os alvos de suas críticas ou elogios, o que desperta seu mau humor, quem ele promove, a quem delega e em quem confia, quem recebe e com quem gosta de falar. Com base no que observam, as pessoas tiram as próprias conclusões sobre o que é realmente importante, o que é verdadeiramente urgente e quem é de fato aquele líder.

Quando as palavras estão de acordo com as ações, aumentam a credibilidade e a influência do líder. Quando falta coerência, a liderança desanda e passa a ser objeto de críticas veladas. É só uma questão de tempo.

Cometer deslizes. Alguns líderes não veem problema em prometer e não cumprir ou apontar uma prioridade e depois nada fazer a respeito. Outros enganam deliberadamente suas equipes ou simplesmente demonstram falta de integridade em momentos cruciais, defendendo interesses pessoais em detrimento dos seus liderados. Alguns assumem a autoria de ideias que não são suas, mas de um membro de sua equipe. Outros camuflam relatórios para "aparecer bem na foto" perante seus superiores. Ou simplesmente negam ter conhecimento de fatos e iniciativas que eles mesmos orientaram. Enfim, têm vida curta os líderes que cometem esses deslizes e não os corrigem rapidamente. Todos são passíveis de ter reações irrefletidas ou mesmo de praticar injustiças por causa de informações enganosas ou de erros de julgamento. Ninguém está imune, mas o líder não pode usar dois pesos e duas medidas. Os líderes eficazes reconhecem seus erros e reparam as injustiças tão logo percebem o equívoco. Assim, mantêm a autoridade moral para continuar liderando.

Não reconhecer a contribuição dos seus liderados. Este é outro pecado mortal do líder: dar apenas feedback negativo, criticando os outros pelos seus erros ou seu baixo desempenho, e esquecer de dar retorno positivo, de parabenizar pelos acertos. Há também uma regra de ouro do feedback que, em geral, é ignorada ou invertida: elogios são feitos em público; críticas devem ser feitas privadamente.

Desconhecer o negócio. Ninguém é obrigado a entender tudo sobre uma empresa, mas o líder deve se esforçar para demonstrar interesse pelos problemas e desafios que afligem os seus liderados. É preciso certa dose de conteúdo para liderar sua equipe e seus pares.

Culpar os outros. Quando os líderes se sentem acuados por resultados que não conseguem obter, questionados por seus liderados ou pressionados pela opinião pública, podem vir a cometer um dos erros mais comuns nos momentos de dificuldade: o de culpar os outros. Os alvos preferidos nas caças às bruxas são o chefe, a empresa, o governo, o concorrente, a tecnologia, o clima, o acaso, a falta de sorte. Às vezes, até forças sobrenaturais são invocadas como uma espécie de bode expiatório para a incompetência de um líder.

Isso desencadeia um clima de medo, mentiras, baixa produtividade e desconfiança.

Sugiro também que você, sempre que puder, deixe claro para os líderes mais experientes um pouco sobre sua forma de pensar. Existem vários mitos sobre os jovens. Nas empresas, por exemplo, corre a ideia de que os jovens são infiéis, insubordinados e difíceis de liderar e que nem sempre vale a pena investir neles, porque são ariscos e podem ir para o mercado. Deixe sempre claro que, quanto mais a empresa investir em sua formação, maior será seu desejo de continuar nela, desde que os valores da empresa estejam alinhados aos seus. Deixe claro também que seu desejo é o de permanecer na empresa pelo menos durante um certo período desde que ela crie oportunidades para você. E que, longe de ser insubordinado, você aprecia o diálogo aberto e deseja confiar no seu líder, nos seus superiores hierárquicos e inspirar-se no exemplo deles. Cabe a eles serem o exemplo para você!

Espero que essa longa lista de atitudes a adquirir e a eliminar o ajude a explicitar seu "Mapa de Atitudes", uma forma bastante simples de traduzir valores em comportamentos no dia a dia e também uma espécie de "Código de Conduta" claro e transparente, que impactará seu grau de eficácia como líder.

MAPA DE ATITUDES

1. Quais são as três principais atitudes e posturas que você precisa ADQUIRIR para se tornar um líder mais eficaz nas diversas dimensões da sua vida?

2. Quais são as três principais atitudes e posturas que você já pratica e que pretende CONSOLIDAR? (Aquelas das quais você não pode nem deve abrir mão.)

3. Quais são as três principais atitudes e posturas que você precisa ELIMINAR?

4. Há alguma atitude adicional que você considera importante adquirir ou eliminar?

P.S.: COERÊNCIA E EQUILÍBRIO EDIFICAM O VERDADEIRO LÍDER

Liderar a si próprio é uma competência essencial para quem pretende ser um líder inspirador. Porém, infelizmente, os tradicionais textos e programas de desenvolvimento de líderes se limitam a tentar ensinar técnicas para melhor comandar, motivar e obter o máximo resultado dos subordinados, alunos ou filhos. O referencial, portanto, é o outro, o liderado. Não nos ensinam a ser líderes mais eficazes de nós mesmos.

O problema é que, ao liderar, muitas vezes desafiamos as pessoas a mudarem seus hábitos, posturas, atitudes, comportamentos, modos de pensar, enfim, a modificar a forma de encarar suas vidas, mas, para ser efetiva, a mudança deve começar dentro de cada um de nós.

Para liderar bem o outro, devemos dar sempre o exemplo. Inspirar pelo exemplo é uma força diferenciadora dos grandes líderes. Para liderar a si próprio, cada um precisa ter uma clara percepção de seus pontos fortes e fracos, suas emoções e necessidades, seus desejos e impulsos. Quem se conhece bem sabe aonde quer chegar e por quê; prioriza seus princípios e objetivos, ainda que isso implique a recusa de propostas tentadoras; e não toma decisões que causem insatisfação interior por ferirem valores profundos. O autoconhecimento permite saber o efeito que seus sentimentos têm não só sobre si mesmo, mas também sobre seu desempenho. Quem se conhece bem sabe, também, complementar-se.

Devemos, ainda, aprender a exercer a liderança coerentemente e com certo grau de equilíbrio nas diferentes facetas da nossa vida — profissional, pessoal, familiar, cidadã, espiritual, etc.

Pouco adianta, por exemplo, "ser uma estrela brilhante no trabalho e uma estrela minguante em casa", como revelou, certa feita, um participante de um evento que conduzi em Punta del Este, no Uruguai.

Não pretendo me despedir. Estarei sempre acessível no e-mail **cesarsouza@empreenda.net**, mas nas próximas semanas terei de me concentrar em alguns projetos de consultoria, em palestras que me comprometi a fazer em vários lugares e na redação de um novo livro. Também pretendo dedicar maior parcela de tempo à família, aos filhos e a cuidar melhor de minha saúde e da vida espiritual. Enfim, pretendo tomar um pouco mais do remédio que prescrevo aos outros, ser coerente e dar o exemplo. Espero reencontrar você em algum momento, com muitas histórias para me contar. Enquanto isso, me escreva. Agradeço bastante a oportunidade desta troca de mensagens, que certamente também me enrique-ceu. Espero que você se sinta mais instrumentado para a intensa jornada que enfrentará. Não esqueça que a travessia é tão importante quanto o porto de chegada. Divirta-se no percurso. Não desperdice sua vida. Qualquer que seja o cenário e o momento em que está, siga em frente e lembre-se sempre:

você é o presidente da sua vida!

Forte abraço,
César Souza
cesarsouza@empreenda.net
Blog.cesarsouza.net

CONHEÇA OUTROS LIVROS DA ALTA BOOKS!

Negócios - Nacionais - Comunicação - Guias de Viagem - Interesse Geral - Informática - Idiomas

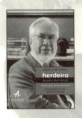   

Todas as imagens são meramente ilustrativas.

SEJA AUTOR DA ALTA BOOKS!

Envie a sua proposta para: autoria@altabooks.com.br

Visite também nosso site e nossas redes sociais para conhecer lançamentos e futuras publicações!
www.altabooks.com.br

/altabooks • /altabooks • /alta_books

ALTA BOOKS
EDITORA

Este livro foi impresso nas oficinas da
Gráfica Kunst, em Petrópolis/RJ